法然思想

2015年　Vol.0　AUTUMN

創刊のことば

わが国の思想・宗教の山脈を一望しても、二千有余年の仏教の大海に沈潜しても、法然の思想こそが、その「最高峰」を形成し「最深底」を貫いていると言うことができる。

中世の鎌倉時代に、法然は革命的言説「念仏を申せば助かる」という、易行の専修念仏を提唱した。しかしながら法然の教義は誤読の波にさらされて、その本質が見失われてしまい、さまざまな「法然思想」が一人歩きする事態を招来することになった。

その理由と要因は、法然の足跡に隠された、思想の決定的「転換点」を見落としたことに、起因していると言わねばならない。

法然は四十三歳で、専修念仏の教義に大乗仏教の核心を発見した。それ以降の八十歳の命終までに、法然はもういちど、大きな思想的転換を迎えているのである。

「専修念仏」を提唱した法然は、六十三歳で東国武士・津戸三郎の疑念に驚愕する。そのときに獲得した自称こそが「愚痴の法然房・十悪の法然房」であり、「愚者・悪人でなければ往生できない」

との言明であった。

この思想的転換点以降を「後期法然」と名づけて、それ以前の法然を「前期法然」と位置づけることにする。この分割により輪郭を顕す「後期法然」の言説こそが、法然の革命的な「専修念仏」の、まさに〈思想の精髄〉と言ってよいのである。

六十三歳を画期として、語りだされた「後期法然」の言説・振舞いを読み解くことが、「法然思想」解読のための、必須の視座となってくる。

「法然思想」がさらされ続けた、これまでの誤読を払拭すると共に、「前期法然」を捨象しつつ、「後期法然」の革命的言説を選び出し、読み解くことを主眼として、『法然思想』の創刊を発起するものである。

（佐々木　正）

法然思想　Vol.0　目次

四十八巻伝

英訳・法然

扉題字・円 梅原 猛　装幀 高麗隆彦

法然思想

Vol. 0

◉巻頭言
わたしの法然

宗教改革者　法然

梅原　猛

法然はマルティン・ルターに比すべき人であると私は思う。ルターは、十六世紀前半にキリスト教をローマ教皇の権威から解放し、神の下ではすべての人が平等であるとする新しい宗派、すなわちプロテスタントを成立させた人として遍く知られている。私は法然を、仏教を比叡山の天台密教及び高野山の真言密教から解放し、すべての人が仏の下に平等に立つ仏教、すなわち浄土宗を創始した仏教改革者であると考える。

このようにみると、神あるいは仏の下ではすべての人が平等に立つ新しい宗教が誕生したのは、日本が西洋より四百年も早いのである。このことは日本の歴史を考えるときに見過ごすことができない。

日本は十九世紀後半、西洋の文化をとり入れて近代化に成功した。そして明治時代、江戸時代二百五十年続いた士農工商という身分制度を廃止し、西洋のように宗教戦争が起こることもなく、天皇の下にすべての国民が平等に立つデモクラシー社会の形成に成功した。私は、その歴史的偉業達成の要因の一つは、日本人がすでに十二世紀において宗教的平等思想の影響を強く受けていたことであると思う。日本において宗教改革は西洋より四百年も早く行われていたといえる。

法然によれば、念仏は浄土往生のための行為であり、念仏さえすれば、いかなる悪人・愚人も阿弥陀浄土に往生することができるという。悪人・愚人が往生できるならば、女人も極楽往生が可能である。当時、仏教においても女性差別の問題は深刻であり、日本でもっとも重んじられた「法華経」にすら、女性は男性になることによって初めて往生することができると説かれていた。それが法然によって、女性も男性と同じく、あるいは男性以上に阿弥陀仏の恵みを受けて極楽往生できるとされたのである。

この平等思想は親鸞に受け継がれ、『歎異抄』に語られる「善人なおもて往生をとぐ、いわんや悪人をや」という思想になる。言い換えれば「男性なおもて往生をとぐ、いわんや女性をや」という思想であろう。親鸞はもっぱら法然を尊敬し、自らが宗派を立てようなどとは夢にも思っていなかった。知恩院を本山とする浄土宗が鎮西派といわれるが、親鸞を宗祖と仰ぐ浄土真宗は、本願寺を本山とする浄土宗の坂東派といってもよかろう。

法然の主著『選択本願念仏集』に語られる平等思想は実に理路整然としている。私はこの甚だ論理的な『選択本願念仏集』に、近代哲学の開祖デカルトの『方法序説』に似た明晰にして判明たる精神を感じるのである。とすれば、法然は、デカルト的近代精神とルター的宗教改革の精神を併せもつすぐれた哲学者であるとともに偉大なる宗教家であるといえよう。

それに対して、親鸞の主著『教行信証』には晦渋な自己省察の言葉が横溢している。親鸞は深い罪悪感をもっていた人間であるが、そのような罪多き自己が法然の教えを受けて阿弥陀仏に救われたという体験を実に熱っぽく語る。

このように浄土教は、論理的な哲学者による理路整然たる文章で語られた『選択本願念仏集』と、救われぬ絶望と救われた喜びが交錯する偉大な宗教的告白の書である『教行信証』というすばらしい遺産を後世に伝えたといえる。

たしかに法然なくして親鸞は存在しないが、親鸞なくとも法然は存在し得る。法然は、デカルトにも比すべき明晰な理性をもってルターにも比すべき偉大な宗教改革を成し遂げた希有な人物であると思う。

なぜ「法然思想」なのか
——創刊の目的・対話編

佐々木　正

主　やっとのお出ましだね。早くに連絡しといたけれど、何か不都合でもあったのかい？

客　いや、なんだか気がすすまなかったんだ。君と法然について話をするということだろう？　どうも法然に関心が湧かないんだ。なんだか人格高潔な、立派な宗教者というイメージが先行してね。僕のようにグータラな人間からすると、近寄りがたい人物って印象なんだ。

主　なんだ、そんな理由だったのか。まあこれから長丁場になるから、一言いっておくと、法然くらい革命的な宗教者はいないと考えている。わが国ではこれまではたぶん、親鸞がいちばん人気で、次が道元だろうと思う。法然は過小評価されているけれど、日本仏教においては、飛び抜けて巨大な存在が法然だといっていい。

客　なんだかピンとこないなあ。

法然・親鸞に対する大いなる誤解

主　なぜ法然に光があたらなかったかというと、親鸞があまりに過大な評価をされてきたせいなんだ。君も知ってのとおり『歎異抄』の存在が大きい。

客　そうだね。僕も『歎異抄』は若いころから愛読してきた。なにしろ倉田百三の『出家とその弟子』がロングセラーとなったり、戦地におもむく若者が携行したとも聞いている。あの西田幾多郎が、絶海の孤島に持っていく本は、禅の『碧厳録』と『歎異抄』だけでいい、なんていっているからね。

主　さまざまな理由が伏在しているけれど、まず親鸞は『歎異抄』にあるとおり、「たとえ法然上人にだまされて、念仏して地獄に落ちても、後悔しない」と言っているだろう？

客　そうだね、あの親鸞の述懐には、宗教に無関心な僕でも、少しは感銘を受けた記憶がある。

主　あの言葉のとおり、親鸞は生涯、法然を師と仰いで尊敬していった。法然の教えをいちずに信じて、弟子としての立場を、いちども逸脱したことがないんだ。

客　けれども、これまでは「法然の曖昧な信仰を、徹底させたのが親鸞」という評価が、一般的ではなかったの？

主　法然は「善人往生」、いわゆる「悪人でも往生できる、どうして善人が往生できないことがあろうか」と言ったと伝わっている。その思想を一歩徹底させたのが、親鸞の「悪人正機」「悪人往生」、「善人なおもて往生をとぐ、いわんや悪人をや」の言葉とされて、これが定説化されてきた。しかし一般に流布したこの評価は、大いなる誤読、誤解なんだ。

客　それでは法然は、悪人正機的な言葉を、親鸞以前に語っていたということ？

主　そのとおり。法然の弟子に源智という、身辺に常随していた愛弟子がいる。法然が亡くなったあと、源智は『醍醐本』と呼ばれる法然の伝記・語録を編んでいる。その中に「悪人正機」説は法然の言葉と、はっきりと記している。

客　じゃあ、なぜ、悪人正機の説が、法然の言葉とされずに親鸞の説となっていったの？

主　『醍醐本』発見が大正年間だったなど、そこにはさまざまな理由が指摘できるけれど、一言で言ってしまえば法然亡きあとの浄土宗が、法然の善人往生的な言説や行動に足場を置いてしまったんだ。

「善人往生」的な法然の言葉

客　じゃあ、法然は「善人往生」的な言葉をのこしているのかい？

主　残念ながら、そうなんだ。法然は比叡山を下りて四十三歳で、中国の善導を経由して専修念仏に出合った。それ以降は易行の専修念仏を提唱して、京都の吉水で布教に励み、朝廷や貴族をはじめ武士、出家の僧侶や女人、庶民などのあらゆる階層に、念仏を広めていった。そのころの法然の説法は、どうも「善人往生」的内容を含んでいたようだ。

客 じゃあ、初期の頃の法然は、まだ「悪人正機」説ではなかったんだ。

主 残念ながら、そういうことになる。法然は念仏提唱のパイオニアだろう？ だからどのように念仏を説いたらよいのか、試行錯誤というか、なかなか苦労したように見える。それではじめは「善人往生」的に説くことになった。そこには自力的な夾雑物が混ざる問題、たとえば信心に深さを要求したり、多念がすぐれていると理解される言葉が混ざっているんだ。

客 そのような法然の言説が、いつ、どこで転換することになったの？

主 法然のすばらしさは、当時の身分秩序、階級が固定化している鎌倉時代に、上下の区別なく、すべての階層の人々に教えを説いていることなんだ。その中に、源頼朝の部下である武士も加わっていた。中でも有名な武者が、君も知ってのとおり、熊谷直実だ。熊谷は頼朝の家来で「一ノ谷の争い」で平敦盛の首を刎ねたけれど、それがきっかけで出家のこころざしを抱いたと伝えている。

客 僕も古典芸能、たとえば歌舞伎などを見ることがあるけれど、「熊谷陣屋」など、このエピソードを扱った演目は多いようだね。

主 また詳しくふれることもあると思うけど、熊谷は敦盛を殺したことで罪業観を抱いて、京都の吉水で念仏を布教していた法然の弟子となるんだ。法然が六十一歳のときだ。

客 それで、それまでの「善人往生」的な説法の内容が、熊谷の入門で転換することになったの？

主 じつはその二年後に、津戸三郎という頼朝の側近武者が、法然の弟子となる。源平の争乱の終息後、焼失した東大寺大仏殿の再建のために、法然が大勧進の役を打診される。法然は俊乗房重源を推薦して、重源が獅子奮迅、朝廷をはじめ頼朝も協力して、大仏殿の落慶法要が勤まる。そのとき、頼朝は鎌倉から家来を引き連れ、大挙して法要に参列するんだ。

客　津戸三郎って武者は、当然ながらその一行に、随行していたんだね。

主　東大寺の落慶法要のあと、頼朝はしばらく京都に滞在する。そのあいまに津戸三郎は、吉水の法然のもとを訪ねるんだ。たぶん二年前の熊谷の入門の話を耳にしていたからだと思う。

客　その津戸の入門が、どうして法然の説法の、転換のきっかけになったというの？

主　熊谷に法然は「罪の軽重を問わない、ただ念仏だけを申せば、阿弥陀仏は浄土に迎えとってくれる」と説法する。その身そのままで、念仏を申すことで助かると語りかけるんだ。熊谷はその場で、男泣きに泣いたと伝えている。手を切り足を切り、腹を切る覚悟で出向いた熊谷は、その身そのままで念仏を申すことで助かるとの法然の言葉に、心の底から感動したといっていい。

客　伝記を読んでいけば、その場面はまた顔を出すんだろう？　熊谷の話はそのとき詳しく聞かせてもらうから、その津戸の入門がなぜ、法然の説法の転機になったのか、まずそれを知りたいね。

易行だから劣っているという誤解

主　津戸三郎は熊谷と同様、「念仏ひとつで助かる」との法然の説法を聞いて、意気揚々と鎌倉に戻った。するとほどなくして次のような流言を耳にする。「熊谷や津戸は無智の者だから、法然上人は、誰もができる（易行の）念仏を勧めたのだ。熊谷や津戸に知恵や学問があれば、法然上人はもっと困難な（難行の）、すぐれた方法を教えたはずである」。この流言に津戸は、激しく動揺することになった。

客　なるほど……。念仏は易行だから、誰にでもできる方法。受け止め方によっては安易な方法、劣った行、劣行と見なされてしまったんだ。

主　君の言うとおりなんだ。易行は誰もができる。だからすべての人に平等に開かれた大乗の道である。それが難行を尊ぶ自力の仏教側から見ると、誰もができる安易な方法、劣った行であると評価されてしまった。

客　現代でも同じ問題が顔を出すよね。比叡山の千日回峰行などは別格だけれども、厳しい修行に励む僧侶は、世間の尊敬を集める。自力をつくして戒律を守り、身辺の潔白な僧侶が、皆の尊敬を集めるってことは裏返せば、肉食妻帯を実践する浄土真宗の僧侶は、一般から見ると僧侶の風上にも置けない、逸脱した無価値な存在と見なされる。

主　そのとおりなんだ。当時では当然ながら、自力の行に励むことが、僧侶の絶対条件と見なされていた。世間の価値観がそのまま横滑りして、宗教の世界を覆い尽くしていた。だから学問や修行の有無が、宗教的な序列・優劣の問題と重なっていたんだね。

客　これは古今東西、見えにくい深刻な問題だね。自力の行に励む僧侶は、世間の尊敬を集めるいっぽうで、破戒無戒の僧侶は、人々からおとしめられる。けれども、世間で無価値と見なされる僧侶こそが、民衆の救いを保証しているんだ。けれど世俗に蔓延する世間的評価に覆い尽くされている中で、破戒・無戒の僧侶の存在意義を、理解するってことは困難きわまりないね。

主　学問でもスポーツ・芸術でも同じだけれど、困難に挑戦することを評価する、世間の価値観がすべてを覆い尽くしているよね。懸命に努力精進して、優勝したり金メダルをもらったりすることは、世間の称賛を浴びることになる。これは当然のことだよね。しかしこの尺度を宗教にもちこむと、宗教や信仰が世俗の価値観に侵食されてしまう。宗教の存在意義が失われてしまうんだ。そうそう、もう十年も前になるけれど、詩人の高橋睦郎氏の興味深いエッセイを思い出したよ。

客　最近、彼は俳句を作っていたりしてたなあ。詩の世界はまったくの門外漢だけど、どんな内容だったの？

主　たまたま、JALの国内便を利用したときのことだ。座席のポケットに航空会社のPR用の、ちょっとしたパンフレットが置かれていた。開くと高橋氏のエッセイが掲載されていたんだ。南米に行ったときの旅行記だったけど、その中で、南米はカソリックの国々で、特別にマリア信仰が盛んであることに触れて、次のように書いていた。「南米の空港では、みやげ物として大きなかごに、百円や二百円で買える粗末なマリア像が、山積みされて大量に売られていた。このマリア像こそが慈悲のきわみではないか」。この高橋氏の指摘に、心を打たれた記憶がある。

客 なるほどね……。高価で立派なマリア像であれば、買える人は一握りの金持ちしかいなくなる。缶ジュースの代金でマリア像が買える。この廉価で誰もが入手できるマリア像こそが、宗教でいうところの「慈悲の心」の象徴だと言っているんだね。

主 そうなんだ。この高橋氏の指摘した「慈悲のきわみ」と、法然の提唱した易行の専修念仏は、まったく同じことだと言っていい。世間的価値でいうと「安価」であったり「劣行」に見なされても、すべての人に満遍なく行き渡るという点に目を注げば、「慈悲のきわみ」となってくる。

客 法然の易行である専修念仏提唱も、世間的価値からは劣行と見なされても、宗教的な価値からすると、「慈悲の心のきわみ」となる。うーん、なるほどね。

「愚痴・十悪の法然房」と「悪人正機」説

客 もっと突っ込んで聞きたいけれど、この問題は繰返し触れることになるだろうから、先の津戸三郎の話にもどすとして、なぜ津戸の疑問が、法然の説法の転換を促すことになったのかい。

主 法然は当時「知恵第一の法然房」と称えられて、朝廷をはじめ貴族や僧侶など、さまざまな分野の人々から尊敬を集めていた。「伝記」を読んでも、法然にまさる学僧はいなかったと伝えている。その世間の見方が、法然の念仏を広めていく、一つの手がかりとなっていたように見える。「知恵第一」の評価を法然は、巧みに布教に利用していたように思えるんだ。

客 世間的価値観の上に乗っかって、法然は念仏を広めたということになる。

主 そうだと思う。そのような法然の、無意識に受け入れ、利用してきた自己評価が、根底から問われたのが、津戸の疑念だったといっていい。なぜなら津戸の疑念（熊谷や津戸は無智の者だから、易行＝劣行の念仏を授けた）は、それまで法然が受け入れ利用してきた、世間的評価の中から生じたものだからね。

客　法然がいくら、「易行の念仏ひとつで往生できる」と説法しても、易行を劣行と見なす世俗の価値観からすると、津戸の疑問は当然といえば当然だね。

主　津戸の投げかけた疑問に驚愕した法然だったが、その難関を突破する道を、すぐに見いだした。それが、法然自身が自分を「愚痴の法然房・十悪の法然房」と自称することだったんだ。

客　なるほどね。世間の評価が「知恵第一」であっても、本人が呼称として「愚痴・十悪」を名のれば、津戸の疑念は解消したということか。もう一つ、納得がいかないなあ。いくら法然が「愚痴」や「十悪」を自称しても、当代きっての知恵第一の法然だ、それは謙譲の言葉としてしか受け止められなかったのではないだろうか？

主　その問題は残るよね。それを乗り超えるもう一つの重要な言説が、「悪人正機」説と言われる「善人でも往生できる、どうして悪人が往生できないことがあろうか」の言葉なんだ。この二つの言説がワンセットになって、津戸三郎の疑念は、根底から払拭したと言うことができるんだ。

客　うーん、もう一つわかりにくいね。それで、津戸の疑念に出合ったときに、法然はいくつだったの？

主　六十三歳のときだった。この津戸の疑念に出合って、法然は自分の呼称を「愚痴・十悪」へと転換する。また「善人往生」から、悪人でなければ往生できないとの「悪人正機説」に立った。このときが法然の決定的ターニングポイント、転換点となったんだ。

客　なるほどね。少し分かってきたぞ。自己の呼称を「愚痴・十悪」と名のる。一方で「悪人しか往生できない」と語る。その両方の言葉の持つ思想的意味が、易行の念仏を劣行へとおとしめないための、決定的な歯止めとしてはたらいているということになる。

主　貴族や出家の僧侶をのぞいて、当時のほとんどの階層の人々が、たとえば武士であれば戦場で人を殺傷する。猟師や漁民であれば日々、殺生の生業に手を染めることになる。そのような破戒・無戒の人々が救われる道は、当時の仏教（聖道門・顕密）のパラダイムの中には、存在していなかった。自力の聖道門仏教では、ほとんどすべての階層の人たちに、救いの道は閉ざされていたと言っていい。

客　少しずつ、法然の説く「専修念仏」の画期的意義が見えてきたよ。すべての人が助からなければ、大乗仏教とは呼べないよね。すべての人を救うためには、老少善悪を選ばず、女人を差別せずに、すべての人を救うためには、「愚痴の法然房、十悪の法然房」と「悪人正機」説は、なるほどワンセットにならざるをえなかったんだ。

「後期法然」の思想

主　津戸の疑問に出合って、法然の説法は大きな転換を遂げた。だからこの六十三歳の分岐点を画期として、それ以前を「前期法然」、以降を「後期法然」と分割する。その上で「後期法然」の言説を、法然の思想を表明した言葉と見なすこと。この視点を加えることで法然の革命的言説が抜き出せる。これまでこの分岐点が不明だったために、法然は「善人往生」を提唱したとか、自力を肯定したとか、「親鸞の前史」であるとかの評価がまとわりついてきたんだ。

客　なるほどね。それで君の今回の『雑誌』発行は、その言うところの「後期法然」に焦点をしぼって、「法然思想」解明に取り組むということになる。

主　君の言うとおりだ。その転換点をこれまで、不問に付したために「真実の法然像」が輪郭を持って顕れなかった。今回は「後期法然」の思想に光を当てることで、仏教の全歴史の中でも、革命的仏教の提唱者・法然の実像と思想が抜き出せると考えている。

それで法然が「愚痴・十悪」を名のった理由が、じつは伝記（四十八巻伝）の最末尾、四十八巻目に、興味深いエピソードとして記されているんだ。これから第一巻より順次、取り上げていくから、最後の巻にたどり着けるのか、今のところ見当もつかない。お互いに前期高齢者の仲間だから、いつくたばってもおかしくない。決定的に重要な内容だから、少し話してみるよ。

客　そうだね。僕も物忘れがひどく、毎日、連れ合いからやっかい者扱いをされている。まだ賞味期限が切れないうちに、重要なエピソードは耳にしておいてもいいね。

「愚痴・十悪」を名のった理由

主　じつは法然には、空阿弥陀仏という弟子がいた。阿弥陀仏という法名は先の、東大寺大仏殿の再建の大勧進になった俊乗房重源が、自分をなんと、「南無阿弥陀仏」と名のったんだ。その理由がおもしろい。なぜかというと死後、閻魔大王の前に連れ出されて、名前を名のるときに、南無阿弥陀仏と言えば必ず極楽に往生できる。だから自分を南無阿弥陀仏と名づけたというのだ。その影響を受けて、当時、誰も彼も「阿弥陀仏」号を名のったといわれている。

客　おもしろいエピソードだね。それでは能の世阿弥や観阿弥なども、その影響を受けているわけだ。

主　そのとおりで、特に芸能界や技能集団に、阿号を名のる芸人、職人が多かったようだ。それで空阿弥陀仏だけれど、下は略されて空阿と呼ばれた。この空阿は比叡山に上ったけれど、知恵も学問もない一介の乞食坊主なんだ。しかし法然上人と出会って、念仏者となり、京の町中で自分の住まいを持たずに、法然上人の図像をかかげて、念仏を称えて涙を流していたと伝えている。そのような空阿が、京の人々に尊ばれたと「伝記」には記されている。

客　知恵も学問もない空阿が、人々に尊敬を受けたということになる。

主　そうなんだ。この空阿について、法然は次のように述懐している。「私は知恵と徳をもって、人々に念仏を伝えてきた。それではまだ足りないものがある。空阿は生まれつきの愚痴のままで、念仏の大先達として広く念仏を勧めている。もしも私がこの世に、もういちど生まれるならば、空阿のような『大愚痴の人』として、念仏を広めたいものである」。どう、何とも興味深い言葉だろう？

客　うーん、知恵第一と讃えられた法然が最後には、はじめから知恵も学問もない、空阿のような愚痴の人となりたいって言ったのか。ちょっと理解できないなあ。

主　ここで法然が何を云っているかというと、もともとの愚痴の人こそが、究極の人間の理想像だと言っているんだ。しかし知恵を身につけてしまった自分は、いくら「愚痴・十悪」を自称してみても、空阿の「大愚痴」の場所に立つことが不可能である。その絶対の乖離を語った言葉だと思うんだ。

客　何か、法然の深い断念というか、悲しみが語られているように思えてきた。そうだ、思い出したけれど、大好きな吉本隆明の名著、『最後の親鸞』の有名な文章と、なにか共通性を感じたね。

吉本隆明の〈非知〉の思想との共振

主　そうそう、そうだった。吉本氏は親鸞について多くの著書をものしているけれど、いちばんよく知られた文章があったよね。本棚にあるからちょっと、その箇所を読み上げてみようよ。この部分になる。

〈知識〉にとって最後の課題は、頂きを究め、その頂きに人々を誘って蒙をひらくことではない。頂きを極め、その頂きから世界を見おろすことでもない。頂きを極め、そのまま寂かに〈非知〉に向かって着地することができればというのが、おおよそ、どんな種類の〈知〉にとっても最後の課題である。この「そのまま」というのは、わたしたちには不可能にちかいので、いわば自覚的に〈非知〉に向かって還流するよりほか仕方がない。

ここでいう「自覚的に非知に還ろうとした」っていう法然の到達点が、「愚痴の法然房」「十悪の法然房」の自称となったのではないだろうか。

客　う－ん、なんだか法然と吉本の言葉が、共振しているっていう印象があるね。

主　その続きを読んでみるよ。

親鸞は〈知〉の頂きを極めたところで、かぎりなく〈非知〉に近づいていく還相の〈知〉をしきりに説いているようにみえる。しかし〈非知〉は、どんなに「そのまま」寂かに着地しても〈無智〉と合一できない。〈知〉にとって〈無智〉と合一することは最後の課題だが、どうしても〈非知〉と〈無智〉のあいだには紙一重の、だが深い淵が横たわっている。

ここで吉本は親鸞を出しているけれど、親鸞は法然を生涯、師と仰いだことは先にふれたとおりだ。だからここでの「親鸞」は法然と読み替えて、いっこうに差し支えない。

客 法然が「知恵と徳」をもって、念仏を広めたけれど、それではまだ足りないと言ったことが、吉本のいう「紙一重の深い淵」っていう言葉と重なってくるんだね。

主 そのあとも読んでみるよ。

なぜならば〈無智〉を荷っている人々は、それ自体の存在であり、浄土の理念によって近づこうとする存在からもっとも遠いから、じぶんではどんな〈はからい〉ももたない。かれは浄土へ近づくために、絶対の他力を媒介として信ずるよりほかにどんな手段ももっていない。これこそ本願他力の思想にとって、究極の境涯でなければならない。

この吉本の言葉は、法然が空阿について述べた「源空は智徳をもって人を化する、なお不足なり。法性寺の空阿弥陀仏は、愚痴なれども、念仏の大先達として、あまねく化導ひろし」に対応しているよね。そして最後の法然の述懐に、なんとも心を打たれるんだ。読んでみるよ。

我もし人身をうけば、大愚痴の身となり、念仏勤行の人たらん。

この言葉なんだ。

客 もう一度、人間に生まれることができれば空阿のような、生まれつき愚痴のままで、念仏を広めたいと言っているのかい?

主 そう思う。法然は晩年、還相回向《げんそうえこう》という「生まれ変わりの思想」を語っている。往相は浄土へ往生する、自利の問題だ。いっぽうの還相は、浄土に往生したあと、また娑婆に還って衆生済度に尽くすっていう、菩薩の還相回向を語っている。だからもう一度、人間に生まれることがあれば、空阿弥陀仏のように、知恵や徳を身にまとわない、まっさらな愚痴の身のままで、念仏を広める人となりたい、と言明しているんだ。

客　吉本が言うとおりの、非知と無智のあいだの紙一枚の深淵を、法然はよくよく知っていたということだね。

主　この「伝記」の編者（舜昌）も、法然の抱えた最大のアポリア（難関）を、よく見抜いていたと言っていいと思う。なにしろ、伝記のいちばん最後の巻に、空阿のこのエピソードをもってきたんだからね。

客　今回、君からレクチャーを受ける、法然の伝記『四十八巻伝』の話は、その中に「前期法然」と「後期法然」の二分割の視点を組み込むのだから、従来伝えられてきた法然の思想とは、中身が大きく変わってくることになるね。

主　そう願っているよ。次回から本文に入るけれど、「伝記」には前期と後期が混在していることがある。そこを丁寧に腑分けして、「後期法然」の言説や振舞いを、慎重かつ丁寧に抜き出す作業が重要になってくる。前日の夜はお互いにアルコールを抜いて、願わくばシラフ同士で君と対座したいものだね。

易しい教えと優しい政治

本郷　和人

(1) 「平等」を否定する平安時代の仏教

法然が生きていた時代の仏教世界を理解するには、「院家」に注目するのが適当でしょう。平安時代の後期ごろから、大きな寺院の統制のもとに、院家と呼ばれる別形態の寺院が経営されるようになりました。それは本寺に所属してはいますが、全く別の敷地と堂塔・建物を有し、別の本尊と経典を有し、荘園などの財産をもっていました。

多くの院家は京都の郊外に建てられました。貴族の子弟が出家し、そこに止住しました。たとえば延暦寺の僧侶になるのだけれども、比叡山は不便だし、生活は厳しそうだな。都の空気にふれられるところがいいな、というわけです。

院家を建てたのは、皇室や上級貴族など、豊かな経済力を有する権門です。院家の主、すなわち院主はそれらの家々から送り込まれました。また院家の中には、俗界の身分秩序がそのまま移されました。院主の周囲には中・下級貴族出身の僧侶たちがいて、院主に仕えたのです。彼らの下には武士・土豪・有力農民の家から出る下級の僧が組織され、上級僧侶に奉仕し、荘園の経営や日々の雑事などを行ないました。

空海は死に臨んで「夫れ剃頭着染の類い、我が大師、薄伽梵子は僧伽と呼べり、僧伽は梵名にして、翻りて云う、一味和合等の意と」と言い遺したそうです。「頭を剃り墨染めの衣を着た人々を、我らの大いなる師であるお釈迦様は『僧伽』と呼んだ。『僧伽』はサンスクリット語であって、これを日本語にすると『一味和合』になる。だから、我が弟子たる僧侶たちよ、心を一つに、助け合いなさい」と訳したらよいでしょうか。

僧侶集団を意味する「僧伽」という言葉は、本来の語義として「皆が心を一つにして仲良くする」という概念を内包しているのです。私たちがよく知っている言葉に直すならば、空海は「人は仏の前では平等なのだ」と説きたかったのでしょう。けれども中世仏教の拠点たる院家には、仏教の説く、「仏の前での平等」を前提とした「一味和合」の精神はありませんでした。あくまでも世俗と同様に、出自による上下関係が重んじられたのです。

京都周辺の院家で豪奢な生活を送る院主たち。経典に埋もれて学究的な修行に励み、庶民の現実を知らない学僧たち。彼らが中央の仏教界を構成し、王権に仕えるのです。「鎮護国家」を唱えながら、王権の生成と維持に助力し、王権力とパラレルな法権力を構成する。これこそが中世仏教なのですから、彼らの視界に庶民が入り込む余地はありませんでした。

平安時代の仏教は庶民には関心をもたなかった。大乗仏教は自身の解脱を目指し、人々の解脱を目指します。この時の「人々」とは、ごく限られた一握りの人々、貴族ほかに限定されていたと思われます。そういえば、根本的な問題として、日本では経典は日本語に翻訳されませんでした。漢文の読めない衆生は、学侶の関心の外に位置していたのです。

(2) 法然の易しく「差別」しない教え

それでも人々は、切実に救いを欲していました。度重なる戦乱。飢餓と疫病。法然(一一三三～一二一二)が生きたのは、まさにそうした時代だったのです。

彼の言葉に耳を傾けてみましょう。「もしも堂塔を建立することを極楽往生の要件とするならば、貧乏な者は往生の望みを絶つであろう。しかるに富める者は少なく、貧しい者は甚だ多いのだ。もし優秀であることを要件とするならば、愚鈍な者は望みを絶つであろう。しかるに智慧のある者は少なく、愚かな者は甚だ多いのだ」(『選択本願念仏集』、原漢文)。彼のまなざしが、金もなく学もない多くの民衆に向けられていたことは疑いがない。どうしたら民衆を救済することができるのか。法然はそれを追い求めたのです。

「(阿弥陀仏は) 造像起塔等の諸行をもって往生の本願となしたまわず、ただ称名念仏の一行をもって本願となしたまえるなり」「称名念仏は彼の仏 (阿弥陀仏) の本願の行なり。ゆえにこれを修する者は、彼の仏の願に乗じて必ず往生を得る」(『選択本願念仏集』、原漢文)。称名念仏、すなわち「南無阿弥陀仏」と唱えることによって、人はみなひとしく、救われる。『無量寿経』を根拠として、法然はそう説きました。

熊谷直実(?~一二〇八)は武蔵の御家人で、源平が争った数多くの合戦に参加した豪勇の士でした。その彼が法然の門下に入り、蓮生房を名乗りました。ある日、法然は蓮生房を供とし、関白九条兼実の邸宅に赴き、法話を交わしました。身分が低いが故に庭先に控えていた蓮生房の耳には、法然の声が聞こえません。剛直で知られた彼はいらいらし、ついにどなりたてました。「ああ、この世ほど口惜しいところはない。極楽にはこんな差別はあるまいものを。ここではありがたい上人様のお声が聞こえぬぞ」(『法然上人絵伝』)。

この部分、原文には「哀れ、穢土ほどに口惜しき所あらじ、極楽には斯かる差別はあるまじきものを」とあります。蓮生房は「差別」されたことに激怒しました。彼の胸中を忖度すれば、「仏の前では、だれもが平等ではないんか」と述べ立てたかったに相違ありません。

絶対者である仏の前に立ったときには、老いも若きも、男も女も、富める者も貧しき者も、平等である。この考え方は「平等」という概念に慣れている私たちには、きわめてわかり易いものです。けれども当時の仏は、人を差別するのが常でした。出自の貴賤・身分の高下は、それなくしては僧界が維持し得ぬほど、重要な価値でした。「かかる差別はあるまじ」。蓮生房の怒声は、当時の仏教界に鋭く突き刺さります。彼は常日ごろ息苦しく感じていたことを、「差別」という端的な言葉として表現しました。そこに私は、法然の大きな影響力を見ずにはいられません。

差別に力強く抗議する蓮生房の精神を支えていたも

の。それは、阿弥陀仏は「一切の」人々を「ひとしく」救済する、という法然の教えだったと思うのです。この意味で、法然こそは、日本史上に「平等」という価値を創出した、初めての人物だったと評価できるのではないでしょうか。

(3) 民に優しい政治の登場

鎌倉時代中期、信濃国の上原敦広という御家人が、敬西房信瑞という僧侶に質問します。私は仏に深く帰依し、堂塔を造り、仏像を作る。でもその費用は、よく考えてみれば、自分の庄園の百姓に無理に収めさせたものである。信仰心のために民を犠牲にしているわけだが、このとき神仏は喜んでくれるのだろうか？

信瑞は決然と答えます。「神仏は『喜ばない』。どんなに供物を供えてもらっても、それが民を苦しめた結果であるなら、仏は受け取らない。領主であるあなたは、まず民を労りなさい。それこそが則ち、仏の道なのだ」（『広疑瑞決集』）。

この問答を知ったとき、私は言いしれぬ衝撃を受けました。立派なお寺を作るより、民衆の救済が先である、と説く仏。いわば「民衆に優しい仏」が、鎌倉時代中ごろ、出現していたのです。同時期の京都では、身分の上下を厳しく言い立てる仏教が栄えていたにもかかわらず。

幕府の重臣、北条重時（一一九八～一二六一）は、次のような教訓を子どもに書き残しています。「仏堂や塔を建造し、親や祖父の供養をするとき、少しでも民百姓から金品を奪ってはならない。自分が千貫、二千貫（一、二億円にあたる）を負担しても、他人に迷惑をかけるなら、善根はみな意味をなくし、供養される人は地獄に堕ちる。日常生活での過ちを、神仏はお憎みになる。ましてこうした仏事のことで、間違ったことがあっては、神仏が喜ばれないのは理の当然である」（『北条重時家訓』）。

朝廷は多くの費用を使って、仏事に明け暮れていました。重時は六波羅探題（幕府の京都責任者）として京都に二十年ほど滞在し、それをつぶさに見ていました。彼の言葉は、通り一遍の道理ではなく、先鋭的で思い切ったものなのです。またそれは、信瑞の言葉にみごとに重なります。

信瑞と重時に共通することがあります。それは、浄土宗です。信瑞は法然の孫弟子でした。重時も、浄土宗を深く信仰していました。武士の日常は、合戦＝殺生と分かちがたく存在します。罪を犯すことを避けられぬ自己を見つめよ、と説く浄土の教えは、確かに武士にふさわしく思えます。

北条重時は一二四七年、幕府の連署（執権を支えるポスト。幕府の№２）に就任しました。そこで彼が打ち出した政策は『撫民』。民を可愛がろう、大切にしよう、というものだったのです。本来は「戦う人」であった武士が、民の生活を守り、「民を愛する」存在になる。その意味で、重時の政治は画期的なものでした。

重時の精神の根底には、法然の「易しい教え」がある。そして彼は、おそらくは上原敦広のような御家人の支持を得て、「民に優しい」政策を展開していく。法然の教えは、武士の精神に影響を与え、社会を変えていくのです。

連載

連載

狂気・救済と抑圧(1)

森山公夫

1　はじめに

「狂気」は人間の苦悩の極北的な姿であり、「宗教」は逆に人間の苦悩救済の最終的形態だと考えられる。狂気の治癒は基本的に世界・自己・存在との和解として成就され、宗教とは本来「再結合」であり、存在との和解を意味していると云えよう。今回わたしはあえててんかんという病型を取り出し、その精神病理学的意味を問うことにより、人間が真とか善・美を求めるのは何故かを問い、宗教的救済をめぐる一つの問題提起としたい。

わたしは以前から、てんかんの精神病理学の伝統を継承しそれを深めるために採りうる方法として、てんかん者の病跡学研究の系統化を考えてきた。思案の末、外国ではフローベール・ドストエフスキー・ゴッホを、そして日本では上田秋成・南方熊楠・黒澤明の計六名を対象に選んだ。初めにまず驚いたのは、彼らがいずれも「意地っ張りの癇癪《かんしゃく》もち」でかつ「とても優しい面」を持っていることだった。これはミンコフスカヤ＝クレッチマーの見出した「粘着性・爆発性」に近いが、それが生物学的属性であるとされるのに比し、これはより人間学的な特徴と考えられ、これをわたしの考察の出発点に据えることにした。

ところで、研究を進めるうちにわたしは二度目の驚きを経験した。なんと、あの世界の黒澤明が幼少期「知恵遅れ」で、それを一年間で克服したというのだ。以下は主に、柏瀬宏隆・加藤真著『黒沢明の精神病理』（星和書店、二〇一〇年）と黒澤の自伝『蝦蟇の油』（岩波書店、一九九八年）に拠る。

2　黒澤明――「知恵遅れ」から「意地っ張りの癇癪持ち」へ

黒澤明は一九一〇年（明治四十三年）四男四女の末子として東京に生まれた。父親は陸軍の体育教官から教育関係に転じ、厳格で頑固。母親は、辛抱強く子供をかばう芯の強い女性だった。幼少期の黒澤は「ひ弱」な「知恵遅れ」で、記憶がボンヤリしているという。

七歳で入学した森村学園は「まるで牢獄のよう」だった。教室では「ただ辛い苦しい思い」でじっと腰かけ、付き添いの姿をガラス戸越しに眼で追っていた。「先生の云っている事は、さっぱりわからないから、どうも勝手な事をして遊んでいたらしく」、遂に机と椅子を移されて特別扱いされ、クラスの皆から疎外された。朝礼時には意識喪失で倒れた。「気を付け、と云われると、暫くしてきっと私はどたんと倒れた。どうも、気を付け、と云われて、しゃちこばった時、息をしなかったらしい」。気がつくと医務室に寝ていた。

小学三年で小石川の黒田小学校に転校し、たちまちみんなのなぶり者になった。「のばした髪をひっぱられたり、ランドセルを後ろからこづかれたり、洋服に鼻糞をつけられたりして、よく泣かされた」。だがこの頃から徐徐に記憶がくっきりとしてくる。「私の脳をぼんやり包んでいた霧のようなものが、急に風に吹き払われるように消えて、知能がはっきり眼を覚ました」。それから一年で彼は急成長を遂げたが、三つの力がそれを助けてくれた。

一つは四歳上の秀才の兄が、絶えず彼を叱咤激励して引っ張ってくれた。第二は担任で図画の立川先生が彼の絵を褒めてくれ、以後彼は絵画がうまくなり、同時に他学科の成績も急に伸び、二年半後級長になった。小学校五年で剣道を始め、三学期には副将で五人抜きをした。第三は同級の泣き虫圭ちゃんと仲良くなり、自分を客観視する契機となった。

こうして急成長した泣き虫の黒澤は反転、「意地っ張りの癇癪持ち」に変身した。立川先生の後任の先生とは気が合わず、反抗し続けた。首席で卒業したが、算術と理科ができず、府立四中を落第し、京華中学に入学した。中学二年の終わりから彼は反抗期に入り、「きかん気のいたずら坊主」になった。中三で始まった軍事教練では徹底的に反抗し、卒業時に彼だけ「士官適認証」を貰えなかった。

さて、彼が世界への違和感をもったのは小学校入学時だった。まわりの動きがさっぱり分からず、苛められて泣いてばかりいた。だが小学校三年から約一年で彼は急成長し、級長にまでなった。この変化を彼は「霧のようなものが、急に風に吹き払われるように消えて」と表現する。いわば薄暮の世界の霧が突如晴れ、明るい知覚的世界に初めて到達したのだ。この薄暮界は一見、空虚の暗闇に思われるが、よく見るとそうではない。美しい想い出がいっぱい詰まっている「楽園」だった。黒澤は当時、兄達が相手をしてくれず、もっぱら姉達とお手玉や綾取りをして遊んだ。特に夭折したすぐ上の姉との絆は濃かった。

「その姉と遊んだ、雛祭りの時のことも忘れられない――。電気を消した、薄暗い部屋に、ぼんぼりの蝋燭の柔らかな光で見る、その緋毛氈の五段に並ぶ内裏雛は、今にも話し出しそうで、私には少し怖いほど生々しい美しさだった。小姉ちゃんは、その前に私を呼んで、お膳を出し、手あぶりをすすめ、白酒を親指の爪ほどの盃でご馳走してくれた」。

黒澤が「知恵遅れ」を克服し、級長になり、「意地っ張りの癇癪持ち」で完全癖の少年に急成長してゆく過程は、まさにこの女性的(原母的)な薄暮の美しい世界を「抑圧」し、兄や父に導かれる男性的な規範の世界・白昼の世界に身を転ずる過程だった。母・姉たちに取り巻かれた懐かしくも美しい世界は、父性=規範性がその姿を示すがまだ支配を貫徹してない。まだ言葉が確立せず、「知覚的世界」が確立してない世界だった。黒沢は小学校入学で、感覚=知覚の渾然とした霧の中の世界から、共同主観性の貫徹する「知覚」的=規範的世界への歩みを強いられ、ある時から自ら決然と進んでいったのである。

わたしはここで思わず、吉本隆明が引用する若き柳田國男の新体詩を想い出す。

うたて此世はをぐらきを
何しにわれはさめつらむ
いざ今いち度かへらばや、
うつくしかりし夢の世に、

（松岡國男「夕ぐれに眠のさめし時」）

彼の世はなんと優しさに満ちた、美しい世界だったことか。いわば人間個体が原母的世界にとりかこまれた黄金期であり、原母的な薄暮の世界である。だが人はすべて、この世界を出て、規範的共同性へと旅立たねばならない。この過程は、本来的に困難をきわめ、時に過酷さを伴う。フロイトはこれを「抑圧」と呼んだ。

多くの人々が徐徐に超えるこの壁を、黒澤は突如として一年で超えた。その無理が、彼に「意地っ張りの癇癪持ち」という現世への過適応の形を強い、ひいてはてんかん発病への道を開いた。だがこの抑圧で、「楽園」は死に絶えたわけでなく、フロイトも云うように、生き延びて、様々な形で人の生に露出する。黒澤の場合、彼の人格の根底に、「美しいもの・優しさを追い求める」欲求として生き延びた。彼は自ら「ヒューマニストの泣き虫」を自称する。それは彼に「美」の源泉、「真」の源泉となった。彼の優れた映画の生命は、まさにこの源泉から流出したものである。

「意地っ張りで癇癪もち」でかつ優しく、完全癖をもつという矛盾した性癖はまさにこの原母性の抑圧の秘密に根をもつ。これこそが、てんかん者の性格論の鍵だと考えられる。

3　フローベールは「馬鹿息子」、他

実は、ほぼまったく同じ経過を、自然主義の巨匠フローベールが辿っていた。彼もまた幼少期「知恵遅れ」で、「馬鹿正直」と「放心」とで目立った。言葉の覚えが遅く、文字の習得が困難だった。だが七歳で彼は奮起し、一年で急成長し、文豪への道を辿った。

実存哲学者サルトル Sartre, J.-P. はその末期に、膨大なフローベール論を著した。全四巻で企画されたこの書の最終巻はサルトルの眼疾で断念されたが、「家の馬鹿息子」（J．P．サルトル著『家の馬鹿息子』平井・鈴木・海

老坂・蓮見共訳、1、人文書院、一九八二年）と題されたその第一巻だけで、743頁という量に上る。サルトルが本書の成立にかけた執念をここにみることができる。この第一巻はまさにフローベールの「知恵遅れ」に焦点をあて、「天才に成り変わる馬鹿という、このスキャンダルを了解しようとつとめねばならない」と課題を明確にし、その成立をめぐる母・父・兄との葛藤、またその克服とはなにを意味したかを、執拗に問い詰めている。

七歳で奮起したフローベールはほぼ一年間で文字を覚えた。八歳で中等学校に入り、孤立に耐え、やがて十三歳で処女作を創り、世に反抗した。サルトルは概ね次のように云う。

ギュスターヴの七歳までは「黄金時代」だった。彼が幼少時に示した放心状態は、彼の自然の中への「融解」でありまた自然の彼への浸入でもあって、実は「詩」の世界だったのだ。後に彼は「わたしの最良の部分は詩であり、獣性です」と書く。これはまた恍惚状態でもあった。「失神」もまたここから来る。そして後に彼を脅かすあのけいれん発作もまたこれに関連する。だがまさにこの七歳で、「黄金時代が終り、〈嘲り〉が始まった」。孤立のなかで意地をはり、嘲り嘲られながら耐える。そして十五歳からは「反抗」が始まった。だが結局、「ギュスターヴは永久に幼少期を抜け出ることはなかった」。彼の幼少期は、その獲得した外皮を超えて、彼の詩、その恍惚として生きつづけたのだ。

実はわたしはこのサルトルの著書を最近改めて丹念に読み、その慧眼の饒舌に驚くと共に、フローベールと黒澤の本質的な類似性に驚嘆した。フローベールの知恵遅れもまた、その病気てんかんに、そして終生かけた美の探究に、本質的に関わっているではないか。

話は変わる。ドストエフスキーではどうか。彼に大作『白痴』があり、彼はここで「本当に美しい人間」を描きたいと志し、てんかん病者ムイシュキンを主人公に選び、癲癇の発作をも細かく分析してゆく。言うなればドストエフスキーは、てんかん病者である自分の内に、真に美しい宗教性が閃いているのを認めたのだ。同様のことは、ゴッホをはじめ、上田・南方らにも云える。彼らはいずれも学童期・前思春期の「彷徨」で際立っているが、これも、規範的な現実に適応し一人前の人間として巣立つに当たっての揺れ、愛着断ちがたい乳幼児期心性への決別(抑圧)の逡巡、先延ばし、と了解することが出来る。

ちなみに河合逸雄は覚醒てんかん者の人格構造として、「受身の外向性」、「環境との無媒介なかかわり」、「原初的エロス」の三つの特徴を挙げている。この洞察は、わたしたちの考えと明白に近似している。さらにまた従来、経験的に「知恵遅れ」にてんかんが重なりやすい事は指摘されており、それをめぐり村瀬学の労作があることも指摘しておきたい。

4　狂気・宗教と原抑圧

一人の人間が生まれ、やがて一人前の共同体成員に巣立ってゆくためには、「抑圧」の試練を受けなくてはならなかった。この抑圧は、近代に向かうと共に父親との葛藤に焦点化されてきた(フロイト)が、本来は共同体による抑圧であった。太古以来連綿と伝わる「イニシエーション」は、本来は共同体が個人の自然な生を抑圧する儀式だった。

太古の昔、地上に新人類(ホモサピエンス)が登場したとき、彼らは「共同体・宗教・言語」を持ち、自然に対抗する文化を獲得していた。彼らはそこで、そのふるさとだった自然的世界を「楽園」(エデンの園)として抑圧し聖化・神話化した。これこそが、人類による自然的生の根源的な抑圧である。これを「**原抑圧**」Urverdrängung と呼ぶことにする。以後人間は遊びと仕事に勤しみ、文化を磨き、共同体は大いなる「進歩」を経験したが、その進むべき道を指し示してきたのは、意外にもこの共同幻想として抑圧された「楽園」だった。人々の共同体は常に「理想」を必要とし、ユートピア的光を求めて宗教・政治を再生させ続けてきたが、その発想の源泉は常にこの抑圧された「楽園」にあったのだ。

こうして新人類の成立と共に人は、児童期から前思春期にかけてその乳幼児的生活を徐徐に抑圧し、思春期と共に儀式を経て共同体の規範に従う一人前の成人たることを要請された。彼がこうして自然的存在から共同体員へのラジカルな転換を成し遂げた時、人間的意識が確立し、人間的苦悩と、苦悩の極限化および苦悩の救済を心得たのである。以後人類の歩みを通して連綿とこの「原抑圧」および個々人の「抑圧」は引き継がれ、それにより人類文化の自己維持および自己創造が保たれてきた。

今、この変転し続ける消費・グローバル資本主義社会でわたしたちはどういう共同性を、またどういうスピリチュアリティーを獲得できるのか。おそらく、本誌の本題である易行道こそが最高のヒントを与えることになるだろう。

連載

仏教史・私論〈序〉

大澤真幸

1　苦と真の背反関係

仏教の基本的なモチーフは何か？　「苦」からの解放である。

苦とは、生にまとわりつく「ままならなさ」の一般である。それは、いわゆる苦痛のことではない。それよりも広い概念だと言ってよいだろう。人は生きていれば、何かを欲望する。だが、その通りのことが実現するわけではない。これが苦である。人は欲望に翻弄されて、心身の状態が不安定なものになる。これが苦である。「苦」のある状態は、「煩悩にまみれている」とか「迷いにとらわれている」等と表現される。

仏教において目指されている境地、つまり苦が完全に止滅している状態が、「涅槃《ニルヴァーナ》」である。涅槃は、苦としての生の対極にある。仏教徒は、自分自身を、あるいは他者たちを、涅槃へ、この安息の境地へと導こうとする。

生を苦から解放し涅槃へと至らしめること。ブッダ以来のすべての仏教が共有している狙いはここにある、と言ってよいだろう。こうしたモチーフがブッダに発していたことを示しているのが、たとえば四諦説（四つの真理の説）である。

仏教には、説を構成する要素や命題を箇条書き風に整理し、その名に数字を冠した教えがたくさんある。五蘊《うん》説、十二処説、十八界説、十二縁起説、八正道説等々である。これらは、記憶しやすく、説の内容を全体として過不足なく捉えるのに好都合だが、今日の仏教史の研究によれば、そのほとんどが、ブッダ自身が唱えていたものではなく、後の仏教徒が整理したものである。その中にあって、四諦説は例外である。確実な証拠があるわけではないが、ブッダ自身がその通りに説いていた可能性が高いとされている。

その四諦説とは、まさに生と苦との関係についての四つの真理だ。仏教の僧侶ならばだれでも知っていることだが、あらためて確認しておこう。四つの真理（諦）は、第一に、苦諦《くたい》（およそ生は苦である）、第二に、集諦《じったい》（苦は煩悩によってもたらされる）、第三に、滅諦《めったい》（煩悩を滅すれば苦から解放される）、第四に、道諦《どうたい》（煩悩を滅ぼすための八つの方法）である。道諦の内実をなす八つの方法が「八正道」と呼ばれる。この四諦説から、仏教が、ブッダの覚りの時点から、生に密着している苦を消し去ることを目指していたことがわかる。

だが、なぜ苦が生ずるのか。また、どうしたら苦を消去することができるのか。仏教は、この点で主知主義的である。結論的なことを言えば、苦は、無知から来る。すなわち、世界がどのような原理で成り立っていて、そこから苦がどう発生するのかについて知らないという基本的な無知が、苦の究極の原因である。苦の発生の機序を、十二段階の因果系列に整理した説、すなわち十二縁起説は、第一原因として無明を置いている。ここの無明とは、最も基礎的な無知、無知の無知（知らないということ自体すらも知らない）を含む無知を指している。

したがって、当然、苦からの解放は、「知ること」によってもたらされる。世界の原理について、存在のすべてに関して、真理を得ること、これが人を苦から解放するのだ。言い換えれば、真理は苦を追い払う、ということになる。真理と苦が互いに相反する関係にあるということ、これが仏教の最も基本的な洞察である。

2　仏教の内的両極性――キリスト教を参照軸に

そこで、私は、この連載で、仏教の歩みを、思想史的に整理してみようと思う。仏教が、真理を――生から苦を消し去るというその真理を――どのように認識してきたのか。その全体像を、私の観点から体系化してみよう。

しかし、この試みに手を付けようとしたとたんに、驚き、とまどわざるをえない。今しがた述べたように、仏教はひとつの原直観を共有している。真理を知ることが苦を軽減し、最後には苦を生から追い払う、という直観を、である。ところが、このようにはっきりとした根幹があるにもかかわらず、仏教において真理とされていることが、あまりにも多様なのだ。いや、多様というより、両極的と言った方が、特徴をより正確に捉えているだろう。さまざまな説が、均等に、あるいは正規分布風に分散しているのではなく、いくつかの極端に偏するように唱えられ、互いに対立してきたのだ。

同じ宗教の名のもとに、さまざまな思想や教義が唱えられ、それらの間に対立や(部分的な)矛盾があるということは、ごく普通のことである。どの宗教の内部でも、異なる思想や教義を信ずる者たちは、互いに批判しあったり、中傷しあったりする。仏教もこれと同じだ、と言われるかもしれない。しかし、仏教の場合は、これら一般的なケースとはかなり状況を異にする。

仏教以外の他の大宗教の場合、内部にさまざまな説や教義を孕んでいても、いくつかの根本的な点に関しては、どの説や教義でも絶対に踏襲されており、否定されたり、無視されたりすることはない。たとえば、イスラーム教を見よ。スンナ派とシーア派の対立に見られるように、イスラーム教徒も一枚岩ではない。預言者ムハンマドの言行の内容についてさまざまな説があるし、また誰に正統なカリフが継承されたのかについて判断が一致しない、等々。しかし、アッラーの他にも神がいるとか、ムハンマドは贋預言者だった、などいう説を唱える者はいない。そこまで言ってしまえば、もはや、イスラーム教とは見なされないことは確実である。

だが、仏教の内部の思想や説の振幅は、こうした例とは違う。簡単に言えば、宗教間の相違に等しい距離が、仏教内の諸説の間にはある。諸宗教の間の差異よりも、仏教の内的な差異の方が大きいくらいだ。これは誇張ではない。キリスト教とイスラーム教の差異よりも、小乗仏教と大乗仏教の差異の方が大きいだろう。しかも、仏教の各教派は、しばしば、それぞれに極端なことを主張する。そのため、思想内容に、妥協的なグレイゾーンのようなものが、つまりどちらの教派からもおおむね支持される中庸的な見解が、ほとんど残らない。

ある意味で、仏教思想の内的な差異が、それ自体、可能な宗教的な思考の全パターンを覆っている。つまり、仏教思想の内的変異の中に、宗教の歴史そのものが写像されている、と見たくなるほどだ。どうして、仏教には——仏教にのみ——これほど大きな内的な分散が孕まれるのだろうか。

＊

今後の展開のための予告編のようなものになるので、少しだけ具体的に、仏教の内的な分散の大きさを確認しておこう。

仏教の歴史を体系化するとき、キリスト教の歴史を参照軸として活用すると全体像がつかみやすくなる。周知のように、キリスト教には、大きく三つの形態がある。正教とカトリックとプロテスタンティズムの三つである。この三つが、あたかも弁証法（正／反／合）の各階梯を構成しているように見える。三つの主要類型が得られるということは、当然のことながら、二つの基本的な対立があることを意味している。第一に、東方キリスト教（正教）と西方キリスト教（ローマ・カトリック）の対立。第二に、カトリックとプロテスタンティズムの対立。

仏教も同様だ。つまり、仏教史にも、大きく二つの対立の軸がある。第一の軸は、もちろん、南方仏教（小乗仏教）と北方仏教（大乗仏教）の対立である。第二の対立は、大乗仏教と密教の間に見るべきであろう。この対立にそって仏教史の全体を眺めると、今述べた、仏教の内的な分散の大きさ、その両極性がよくわかる。

まず、南方仏教（小乗仏教）と北方仏教（大乗仏教）の対立を見てみよう。キリスト教（を含む一神教）は、一般に、存在に指向する宗教、存在を肯定する宗教である。もちろん、そのときの「存在」とは、唯一神の存在だ。キリスト教はどんなに内部の変遷を辿っても、この点では変わらない。しかし、仏教は違う。ここはまだ詳論するときではないのだが、南方仏教には——少なくともその一部には——、強い存在指向がある。私はここで、説一切有部のような部派を念頭においている。それに対して、北方仏教では、存在の否定、つまり「空《シューニャ》」への指向が圧倒的である。大乗仏教は、空がいかにほんとうに空であるかを——「空がある」とも言えないのだから——示すために、どれほどの努力をしたか。「存在」を中核とする思想と「空」の回りに展開する思想。これほどかけ離れたアイデアが他にあるだろうか。しかし、どちらも仏教なのだ。

存在か、空か。どちらに真理があるのか。このような論争は、抽象的で観念的な形而上学に属している。ここで、仏教を、とりわけ初期仏教をほんの少しでも知っている者は、また躓くことになる。ブッダ本人は、非常に実際的な（一種の）唯物論者であって、形而上学的な問い——つまり「宇宙は有限か、無限か」とか、「死後も霊魂は存在するか」とかといった問い——に対しては、不可知論的な態度（いわゆる「無記」）に徹していたからである。どうして、ブッダのプラグマティズムに源泉をもっているはずの仏教が、抽象的で複雑な形而上学へと転換したのだろうか。

*

大乗仏教と密教の間の対立を視野に入れると、仏教は、ますます、複雑な様相を呈することになる。「空性」の理論である仏教（大乗仏教）は、一神教からは、当然、無神論に見えるはずだ。一神教にとっては、無神論ほど自分たちからかけ離れた信仰（というか反信仰）はない。だが、密教には神々が招き入れられている。つまり、密教は多神教的である。いや、それどころか、密教は、見ようによっては一神教的でさえある。ここで念頭においていることは、密教における大日如来《マハー・ファイローチャナ》のずばぬけた重要性である。大日如来は、宇宙に遍満する最高神であり、唯一神的な人格神にも似ている。(1)

そうすると、一神教に視点を据えたとき、仏教は、正反対の性質を両方とももっているように見える、ということである。一方では、それは、自分たちから遠く離れ

(1) 戦国時代に日本で布教活動に従事した、カトリックの宣教師たちは、'God'を、日本語のどの語彙で訳させるか、非常に苦労した。最終的には「神」が定着したが、彼らは、日本人が「カミ」と呼んでいるものが、God とはまったく違うということもわかっていた。'God' の訳語の有力候補だったのが、「大日（如来）」である。クリスチャンには、大日如来が God とよく似ているように見えたのである。

た「敵」である（空の無神論）。しかし、他方では、それは、よく似た仲間に、近しい「友」でもある（大日如来の一神教）。一神教徒は迷うはずだ。仏教は、まったく相容れない敵なのか、それとも話が通じる友なのか、と。

仏教に内在した視点から捉えたときには、密教への転回は、以上（多神教や一神教への接近）とは別の意味で奇妙なものに見えてくる。密教は、伝統的・民衆的な儀式や呪術的な実践、マントラといったものを仏教に導入した。だが、初期仏教、あるいはブッダの初発の動機のことを振り返ると、これは、びっくりするような状況である。というのも、ブッダの動機のひとつは、祭司たちの煩雑な儀式やドグマ、あるいは呪術から決別することにあったからである。まさに、そこから離脱してきたその同じ場所へと仏教は回帰しているように見えてしまうのだ。キリスト教やイスラーム教が、多神教へと回帰したら、もはや、宗教としてのアイデンティティを喪失し、別の宗教へと転じたと見なされるに違いない。しかし、仏教は、まさにその種の回帰を遂げても、なお仏教である。

密教における、仏教の退行的回帰のようなものを視野に入れると、ひとつのことにあらためて気づくことになる。仏教史には大きく二つの対立軸（南方仏教と北方仏教、大乗仏教と密教）があると述べたが、これらの対立の基底に、これらを駆り立てている原対立のようなものがあったということ、この点に気づくのだ。それは、バラモン教（ヒンドゥー教）と仏教の対立である。ブッダの運動と教えは、神々を儀礼的にあがめるバラモン教の文化、祭祀中心の文化への抗議・対抗として始まった。密教は、ブッダが外部に切り離してきたものの、仏教内への取り込みであったと見ることができる。仏教は、バラモン教（ヒンドゥー教）と対立しつつも、まさにそれゆえにバラモン教と相補的な関係にあった。この事実は、仏教の全体像を理解する上でも決定的に重要である。

ついでに指摘しておけば、これと並行したことが、キリスト教の歴史の側にもある。すなわち、キリスト教の歴史の内部の二つの対立（正教とカトリック、カトリックとプロテスタンティズム）のベースに、これらの対立を規定する原対立があるのだ。それは、もちろん、ユダヤ教とキリスト教の対立である。ただし、キリスト教は、いかに発展したとしても、ユダヤ教へと回帰することはない。なぜなら、キリスト教自体の中に、ユダヤ教との対立関係が最初から書き込まれているからである（旧約聖書／新約聖書という二段構成によって）。それに対して、初期仏教は、バラモン教から自らを切り離し、純化することを目指した。そのことがかえって後に（密教において）、仏教がバラモン教的要素を自らの中に導入する原因となった、と考えられる。

＊

密教における、逆説的な転回（仏教の一神教への接近、仏教へのバラモン教的要素の導入）を指摘した。このことは、「南方仏教（小乗仏教）→北方仏教（大乗仏教）→密教」という三段階の中で、――最終の密教ではなく――媒介的な位置にある大乗仏教にこそ、鍵的な重要性があることを示唆している。密教における転回は、大乗仏教に孕まれていたことの発芽として解釈することができるからである。

実際、われわれは次のことに気づく。ここまで、仏教思想の内的な分散は、諸宗教の間の分散や多様性に匹敵することを確認してきたわけだが、さらに、仏教全体の多様度に匹敵する振幅が、大乗仏教そのものの内部に孕まれている。たとえば、インドではなく、中国や日本で主として発展した、大乗仏教の二つの系統のことを考えてみるとよい。二つの系統とは、禅宗系と阿弥陀仏信仰である[2]。それらは、しばしば自力系と他力系などと言い換えられている。

禅宗は、その教義内容においてではなく、自力を重視する個人主義である点において、小乗仏教的要素の大乗仏教への「遺伝」の結果と解釈することもできる。直接の影響の産物というより、初期仏教や小乗仏教から続く仏教のある側面が、禅宗に純化されて現われているように見えるのだ。

阿弥陀仏信仰は、しばしば指摘されてきたように、一神教に類似している。密教の大日如来信仰とは別の意味

（2）阿弥陀仏という観念を獲得したのはインド仏教だが、阿弥陀仏信仰が飛躍的に成長したのは、仏教が中国に入ってからである。

で、阿弥陀仏信仰は、一神教を連想させる。もちろん、厳密には、阿弥陀仏信仰は、一神教とは異なっている。仏教の側も一神教の側も自他の基本的な違いを認識しているだろう。阿弥陀仏は一神教の人格神とは、根本的に違う（阿弥陀仏は人間である）。西方浄土は、「神の国」や「天国」ではない（西方浄土は、涅槃とは別物であり、最終的な救済の地ではない）。だが、それでも、阿弥陀仏信仰、浄土信仰には、一神教的なモチーフの仏教への内部化として解釈しうる側面がある。ここで、仏教は、最も遠い他者と出会い、その他者と混合している。

＊

それにしても、仏教は、そして仏教のみが、どうしてかくも多様なのか。多様でありえたのか。繰り返せば、仏教の内部に宿っている思想の拡がりや分散は、諸宗教全体の拡がりに対応している。仏教思想の歴史自体が、あらゆる宗教のパノラマのようでさえある。

この連載のねらいは、このような拡がりをもつ仏教の思想史を私なりの仕方で体系的に論ずることである。事実関係の記述が、目的ではない。思想史を貫く論理、無意識の論理を抽象することが目的である。ここに指摘してきた諸事実は、歴史の下に伏流する論理を発掘する上での、可視的なメルクマールとして役立つだろう。

3　存在の出来事性

今回の最後に、考察の伏線となる論点を指摘しておこう。キリスト教に由来する思想と仏教思想は、ある意味では、よく似ている。どちらも究極の主題は〈存在〉にあるからだ。ここで、もちろん、存在のまったき否定であるところの〈空〉についての理論もまた、広義の存在をめぐる思索、存在論の一種と考えている。神の存在をめぐるキリスト教神学も、否定神学のようなものになると、存在が主題なのか、空や無が主題なのか、どちらかわからなくなることがある。ナーガールジュナの空論の論理構成は、西洋中世の否定神学とよく似ている。

だが、ある一点において、両者は、仏教とキリスト教は根本的に異なっている。その一点とは、〈存在の根源的な出来事性〉のもつ意味である。キリスト教に由来する思想においては、存在には、歴史的な出来事性が刻まれている。キリスト教においては、存在がその真理を開示するためには、歴史に内在した出来事を必要とし、その出来事と存在の真理とは不可分である。

もう少し具体的に言えば、次のようなことである。今からおよそ二千年前に、イエスという名の「大工の息子」が、パレスチナ辺りを、弟子たちを連れて遍歴していた。彼は、説教したり、病気治しの奇蹟を行なったりして、やがて、人々から「神の子」ではないか、「キリスト（救世主）」ではないか、などと噂されるようになる。最後に、イエスの一行は、ユダヤ人たちの首都エルサレムに向かう。そこで、彼は、彼に嫉妬したユダヤ人指導者たちに告発され、冤罪によって十字架に磔にされ、そして殺害された。……キリスト教においては、この出来事と独立には存在の真理はない。存在は、出来事を必要としているのだ。

仏教の場合はどうなのか。およそ二千五百年前のことである。インドの辺境にあったシャカ国の王子シッダールタは、二十九歳のとき、家族を棄て、安楽な生活を離れ、出家した。彼は、六年間、難行苦行をふくむさまざまな修行に明け暮れるが、成果はあげられない。そんなある日、彼は、疲弊した心身を休めようと、小さな村の川のほとりにあった菩提樹の木陰で、一人で瞑想にふけっていた。そのさなか、彼は、真理を、存在の真理を摑んだという感覚を得た。この世界の中で苦がどのようにして発生するのか、というメカニズムに関わる真理を、である。こうして、彼はブッダになった。これが仏教の始まりだ。興味深いことに、覚りを得たとき、ブッダは三十五歳であり、これは、キリストが磔刑死したときの推定年齢にほぼ等しい。

仏教の場合、しかし、ブッダが覚った、存在をめぐる真理と、彼が覚るまでの、あるいは覚った後の彼の人生とはまったく独立である。真理は、出来事、特定の歴史的出来事とは独立に存立している。真理は、そうした出来事を特に必要とはしていない。ここに、キリスト教の存在論と仏教の存在論の決定的な違いがある。(3)

例えば、しばしばハイデガーの存在論と仏教との類似が指摘されてきた。しかし、両者は、似て非なるものの典型だ。後期のハイデガーの中核概念のひとつは「Ereignis」である。「性起」等と邦訳されているが、これは本来ごく普通の言葉で、日常語としては「出来事」を意味している。ハイデガーにとっては、存在と歴史的出来事とは表裏一体の関係にあるのだ。あるいは、最も初期の段階から、ハイデガーは、「Dasein（現存在）」なる独特の語を使ってきた。その指示対象は、要するに、「人間」なのだが、彼が、それをたとえば「Subjekt（主体）」のようなもっと普通の語ではなく、「Dasein」で指示したことが重要だ。「Dasein」を直訳すれば、「そこにあること」となる。ハイデガーの考えでは、「そこ」と指し示すことができるような、歴史に内在した出来事の到来の場がなくては、存在は不可能だ。もし現存在を失えば、存在そのものが消えることになる。

　仏教には、原則的には、そのような感覚はない。仏教においては、存在＝空が、その出現の場としての人間（現存在）を必要としているわけではない。だが、仏教が、一神教に似たような外観を呈したとき、浄土教系の思想として成熟したとき、仏教の中に、それまで仏教にとって疎遠だった〈存在の出来事性〉が注入されたのではないか。このような仮説を提起しておこう。仏教の論理について、あえて歴史的に語ることの意味もここにある。

（3）キリストがだいたいいつ頃生まれ、いつ死んだかということについては、世界中の人が知っている。われわれは、キリストの誕生日を原点とした暦を用いているからである。もちろん、キリストが生まれた日や死んだ日を、厳密に実証的に確定することは困難だ。しかし、キリストが死んでから五百年も経ってから、キリストの生誕を基準にした暦が——今から振り返れば数年の誤差があったかもしれないが——作られ得たということは、クリスチャンがずっと、キリストが生まれ死んだという出来事の歴史性に拘っていたことを意味する。それに対して、ブッダがいつ生まれ死んだかは不確定であり、広く知られてもいない。ブッダがいつ覚ったのかなどということは、ブッダが何を覚ったかということと何の関係もないからである。

「四十八巻伝」

（『法然上人行状絵図』）現代語訳（佐々木正）

【第一巻】

【解題】四十八巻伝（法然伝記）について

日本仏教の祖師と見なしてよい法然には、室町時代までに十五種の「伝記」が伝えられているが、その中での白眉が、「四十八巻伝」と通称される『法然上人行状絵図』である。法然没後の百年あと（十四世紀）に、後伏見上皇の命を受けた僧・舜昌が製作したとの伝承から、『勅修御伝』とも呼ばれる。

舜昌は法然関係の史料を、可能な限り収集して、この決定版の伝記を制作した。本文は二三五段に分かれ、二三二枚の絵図がはさまれた、全長五四八メートルに及ぶ、現存する絵巻物で最大の作品である。

正副二本が伝えられており、正本は知恩院に、副本は奈良当麻寺に所蔵され、国宝の指定を受けている（今回の現代語訳に使用した原文、ならびに解題は『法然上人絵伝』〔大橋俊雄校注・岩波文庫上下巻〕を参照している）。

【序文】

釈迦は、すべての人々を救うために、この世に誕生されました。八十年の生涯にわたり、大慈悲心によって、苦悩する人々を平等に救ったために、釈迦の〈教え〉は広く伝わり、滅後二千余年の今日まで、インド・中国や日本に、脈々と受け継がれています。

教義や実践の方法は、さまざまですが、その中でも「聖道門」とは、この世（穢土）で、自力により「悟り」を求める道であります。けれども今の濁世（末法）の時代の、煩悩に苦しむ凡夫にとっては、「浄土門」だけが輪廻の苦しみから逃れる、唯一の道となるのです。「浄土門」については、古来より多くの先人が、さまざまに解釈を加えていますが、唐の時代の善導大師が、阿弥陀仏の〈本願〉のお心を明らかにされ、我が国の法然上人が、あたかも勢至菩薩の生まれ変わりのように、「称名の念仏」を宣布されました。

国や時代が異なっていても、〈教え〉の根元は一つであったために、男女を問わず、貴賤をえらばず、大勢の人々が往生を遂げました。この時代に、もっとも盛んに、念仏が広まったと伝えています。けれども法然上人入滅後は、尊い説法や言動が忘れ去られてしまい、文字として、後世に伝えないならば、上人の人格はもとより、念仏の教えの要諦が不明となり、散逸してしまうおそれがあります。

だからこそ今、法然上人の人格や伝記、説法や語録やお手紙などを、すべて集めた上で、その中から〈まこと＝真実〉を選び出して、生涯の全貌を明らかにしたいと考えています。

文字を読めない人々にも伝わり、拝見した人が信心を得る縁となるように、「絵巻」にすることで、いつの時代でも通用するものに致しました。往生を願う人であれば、この私（著者＝舜昌）の製作の意図を、誉めたたえてくれるものと信じています。

【本文】

法然上人は美作国の久米南条稲岡庄（今の岡山県久米郡久米南町里方）に生まれました。父親は久米地方の押領使（治安をつかさどる役務）を任とする漆時国《うるまときくに》、母親は秦氏《はたうじ》の出身です。

子供を授からなかったため、夫婦共々、心をひとつにして神仏に祈願すると、秦氏が剃刀をのむ夢を見ます。この夢が懐妊のお告げでした。時国は「お腹の子は、間違いなく男子であり、この世の戒師となるだろう」と語ります。秦氏は不思議に、心身ともに安らかでした。酒・肉などの不浄な食を絶ち、三宝への帰依をますます深めていきました。

長承二年（一一三三）、四月七日の正午に、秦氏は無事に男子を出産しました。そのとき、空に紫雲があらわれ、屋敷の庭の、ふたまたのムクノキの大木に、白い幡《はた》が流れて来て、木の梢にかかりました。どこからともなく鈴の音が聞こえ、陽光がさまざまな光を放ちました。七日目に、白い幡が天にのぼって姿を消したため、見た人たちはだれも、不思議な思いを抱いたとのことです

このことから、ふたまたの木を、「両幡の椋の木」と呼ぶようになりました。年輪を重ねて老木になってからも、芳香が漂い、不思議な出来事が続いたために、土地の人々は奇瑞を尊び、仏閣を立てて「誕生寺」と名づけて、お堂に真影（法然上人の木像）を安置して、念仏の声を絶やさなかっ

たとのことです。

誕生した幼児は、勢至丸と名づけられました。幼少の頃から大人びた賢さを身につけていました。西方に向かうくせがあり、天台大師（智顗）の幼年時代とそっくりでした。

父親・時国の出自をさぐると、仁明天皇の子孫となる源の年という男が、殺人事件を起こして、その罪により美作国に配流されました。流罪中に、久米の押領使・漆元国の娘を娶って、男子が生まれます。元国には世継ぎがなかったので、その男子が後継者となり、源の姓を改めて、漆の盛行と名のります。その盛行の子が重俊、重俊の子が国弘、国弘の子が時国となるのです。

時国には、このような出自を誇る心があったため、稲岡庄の預所の武士・明石定明を軽んじて、命令に従わず面会を拒絶したために、定明は時国を怨むこととなり、保延七年（一一四一）の春に、時国の屋敷に夜襲をかけて殺害します。ときに勢至丸は九歳でした。隠れた物陰から、子供用の弓矢で敵に向かって射かけると、定明の額に矢が命中しました。この傷だけは隠しようがなく、夜襲の一件が露顕することを恐れた定明は、身を隠して二度と稲岡庄に戻ることはありませんでした。

時国は傷を負って死を覚悟したとき、九歳の勢至丸を呼び寄せて
あなたは、この敗戦を恥辱と受けとめて、敵（明石定明）を怨んではならぬ。この出来事は〈先

世の宿業〉によって起きたことなのだ。もしも怨みに報いるならば、その仇は永遠に尽きることがない。あなたは、ただちに出家の身となって、父親の菩提を弔うと共に、あなた自身の悟りを求めてほしい。

と遺言すると、姿勢をただして西に向かい、合掌したまま念仏を申して、眠るように静かに息を引き取りました。

対話編

四十八巻伝を読み解く 第一巻について

佐々木 正

客 このあいだは、君の「雑誌」発刊の趣旨について、いろいろ聞かせてもらった。法然の生涯を「前期」と「後期」に分割する視点など、初めて耳にする話で興味をそそられたね。法然という人物に、少しばかり人間的な興味がわいてきたようだ。それで今日は、すぐに『伝記』本文の、第一巻に入っていくのかい。

主 なんだか今日は、いやにさっぱりした表情だね。昨晩は深酒をしなかったように見える。

客 僕だって、たまには行儀よく酒を飲む日もあるさ。ではさっそく、レクチャーをお願いしたいね。

絵による法然の伝記

主 それでは早速はじめようか。冒頭にはまず、伝記の著者の「序文」が置かれている。いまでいう「まえがき」だ。舜昌という著者が、この大著を後世に残そうとした目的と意図が、簡潔に記されているんだ。

客 まずは、著者となった舜昌っていう人物について、一言あってもいいだろう？

主 そうそう、この伝記は法然没後の百年のころに、完成したと伝わる。正式名称は『法然上人行状絵図』、「文章（詞書）」と「絵図」を交互に組み合わせた巻物で、四十八巻より成るために『四十八巻伝』、また後伏見上皇の命で製作されたために、『勅修御伝』とも呼ばれている。

客 当時の上皇から伝記製作を命じられたってことは、法然の流れを汲む浄土宗は、その時代にはすでに、仏教諸派の中でも本流になっていたってこと？

主　そのあたりの消息は、もうひとつ不明だけれど、法然の弟子には上級貴族はじめさまざまな階層のひとがいた。また在世当時の後白河上皇や中宮などにも、法然は説法をしたり授戒などもしている。だから当時の上皇が費用を捻出して、伝記製作を命じたってことも、当然にありうることだった。

客　数年前に、法然の八百回大遠忌があったよね。上野の国立博物館の特別展で、『伝記』の実物を拝見したけれど、なかなかに大部で見事な「絵伝」だったと記憶している。

主　この『伝記』は、四十八巻に分かれており、なにしろ絵巻にしても書にしても、当時の一流の絵師や、能筆の貴族がかかわったようだ。わが国を代表する「絵伝」と位置づけても、間違いがないと思うよ。

「四十八巻」の意味

客　絵巻物としては四十八巻って、いやに長大に感じるけれど、何か意味があるのかい？

主　まず、「経典（大無量寿経）」中の阿弥陀仏の本願が、四十八願という数となっている。それと法然のさまざまな伝記や手紙、語録や足跡などが当時、大量に集められたことも、このような膨大な量につながったと思われる。それだけ法然を師とあおぐ弟子が、大勢いたということにもなってくる。

客　じゃあ、わが国の絵巻物としても、傑出した作品ということになるよね。ここでは、美術品として解説してもらうわけでもないから、本筋にもどしてまずは、内容に入っていこうよ。

主　「序文」は先に言ったとおり、このような「絵伝」ではお決まりの定型で、とくに中身にふれる必要もないと思うから、すぐに本文に入ってみよう。

わかりやすさを主眼にした「私訳」

客　じゃあ、まず君の現代語訳した「第一巻」を拝見させてもらうよ。

（現代語訳に目をとおす）

客　なんだか、いやに読みやすい文章になっているね。原文は七百年前のものだろう？　中世史料の文体を、ここまで分かりやすく直していいのだろうか。

主　この現代語訳には、ずいぶん頭を悩ましたんだ。全体に目をとおしてみると、現代の我々には無関係な儀式・行事や、出来事なども収められている。どれを残してどこを捨てるか、考えれば考えるほど迷路に入りこみ、結論が出なくなってくる。君は知らないだろうけれど、じつは『大菩薩峠』の著者・中里介山が、この四十八巻伝を昭和八年（一九三三）に、現代語に翻訳しているんだ（『法然行伝』ちくま文庫）。本人は「忠実に分かり易く、読者の前に提供」したと記しているけど、これを読むと、彼は大胆に取捨選択して自分なりの、中里介山版現代語訳の「伝記」を生み出している。この中里版の口語訳は大いに参考になったね。

客　最近は古典文学でも哲学書でも、「意訳」ではなく「私訳」や「超訳」など、わかりやすさを主眼にして翻案している書物も増えているよね。「明治文学」などもすでに古典と見なして、現代語訳をほどこしている出版物もあるようだ。

主　その時流に乗っかって、僕も枝葉末節的な部分は切り取って、「法然の思想」にかかわる内容を中心に据えて、現代語訳に取り組んでみたってわけさ。厳密な学問的立場からすると、認められないかもしれないけれど、僕の願いはただひとつ、この革命的な「法然思想」を、すべての人に知ってほしいとの一念だからね。

客　アカデミズムってのは、ややもすると重箱の隅をつつく学問になったり、権威主義や自大主義に陥ったりしてしまう。君のような門外漢が取り組むことも、今の時代、あっていいのかもしれない。すこしほめすぎたかな。

主　まあ、全部が完結してから、評価してもらおうよ。だからこの「現代語訳」は、まったくの僕の勝手な私訳だと言っていい。けれども毎月二回、六年の歳月をかけて法然の「四十八巻伝」をテキストに、市民のための講座（NHK文化センター・松本教室）で、現代語訳に取り組んできた経緯があるんだ。その蓄積が生かされているから、そうそう、おかしな訳にはなっていないと考えている。

客 じゃあ、しばらくは君の「現代語訳」を信じて、レクチャーを受けることにするから、安心して話してもらっていいよ。

ところで、この「本文」の内容に入るけれど、誕生前に語られる不思議な「夢」や、誕生してからの「奇瑞」などは、現代の我々からすると、すこし荒唐無稽で縁遠い話に感じるね。

主 母の秦氏が剃刀を呑むって夢は、中世の時代ではふつうにあったことのようだよ。たとえば親鸞なんかでも「伝記（正明伝）」では、光明が輝いて母親の口に入ったと伝えている。高僧や名僧などは、誕生から出家するまで、あるいは往生の間際などに、さまざまに不思議な奇瑞が伝えられている。「伝記」中には、これからも同じような場面で、不思議な現象が記されているから、別の機会にゆっくりと取り上げてみようよ。

法然の父親は「悪人」だった？

客 それではまず、法然の父親の漆時国《うるまときくに》について聞きたいね。美作国（岡山県）の押領使っていうけれど、具体的にはどんな人物だったの？

主 ふつうには押領使は、その土地の治安をつかさどる役人だと言われている。今でいうと地方の警察署長的役目ということだ。

客 じゃあ、その土地を支配する武士ということになるね。

主 けれども、平安末期だろう？　時代は貴族の世から武士の時代へと移行する転換期で、中央も地方も地殻変動を起こしつつあった。その時期に都から派遣された、荘園を管理する武士・明石定明とトラブルを起こした。どうも父親の漆時国は、みずからの出自を誇って面会を拒絶したらしいんだ。

客 父親はそんなに血筋がよかったの？

主 「伝記」のとおりだとすると代々、仁明天皇の子孫の血を引いた家系らしい。その血統を誇って対面を拒んだ。そのことを恨んだ明石定明が、夜襲をかけて時国を殺害したというのだ。

客 ふつう、歴史上の偉大な人物の親は、やはりそれなりの人だと記されることが多い。だけど「伝記」を読むと、父親の漆時国は、特別のことは何も記されていないね。

主 そうなんだ。どうもこの時代、押領使は治安をつかさどる役目だったけれど、悪人が多かったらしい。悪をもって悪を制すってやつで、いま、「横領」って言葉があるだろう？　あの横領は、この時代の押領使から派生したというんだ。だから武力をかさに、平気で悪事をはたらき横領する悪人が押領使だった。これは梅原猛氏も著書（『法然の哀しみ』）の中で指摘しているよ。

客 ふつうは「偉人伝」などに見る親は、それなりに脚色されるけれど、「伝記」の作者は少し冷淡に見えるね。

主 ほめようにも、どこにもほめる点がない。それほどの悪人だったということかもしれないんだ。

断末魔の至言

客 けれども突然の夜襲を受けて、死のまぎわの断末魔の中で、九歳の勢至丸だったよね、子どもの法然を呼び寄せて伝えた「遺言」には心を打たれたね。悪人であった父親が、このような素晴らしい遺言を語るとは、落差がありすぎて、すこし信じられない気がする。

主 僕も最初はそう思ったね。けれども死にのぞんだとき、人間は心の底からの至純な言葉を語ることがあるのだと思う。昔から「人の死なんとするや、その言やよし」っていう言い方があるだろう？　死を自覚したとき、どのような人でも、人間の本源に立ち返ることがある。いかなる悪人であっても、最期には「まこと（真実）」に立ち返るのではないだろうか。

客 うーん、そうかもしれない。以前、連れ合いから聞いた話だけれど、近所に嫁と姑が仲違いしていた家があったそうだ。姑が寝たきりとなり、嫁さんがすべて世話をしたという。今でいう在宅介護だ。しかし一言の感謝の言葉もなかったらしい。その姑が死ぬまぎわに、どういうことか初めて「これまで、ありがとうね」と言ったというんだ。その一言で、そのお嫁さんはこれまでのこだわりがすべて氷解して、長年の苦労が報われた、と言ったという。これなんかもやはり、死を自覚したことで、和解の場面が生まれたと言えないだろうか。

主 なるほどね。法然の父親が世間で言う、悪人だったかどうかの証拠はないけれど、どのような人間であれ、死を自覚したときには、「人間の心」を取り戻すことができる。そのおばあちゃんも最期に、これまでの確執を超えて、「ありがとう」の一言がおのずと生まれたのだと思うよ。

客 しかしこの法然の父親の遺言は、なんともすばらしい言葉だね。なにかお釈迦様にも似たような言葉がなかったかなあ。

『ダンマパダ(法句経)』の言葉

主 そうそう、よく思い出してくれた。お釈迦様にも同じような言葉があったはずだ。ちょっと待ってよ、探してみるから。

ここにあった。『ダンマパダ(法句経)』という「原始経典」の中の言葉だ。読んでみるよ。

この世では　うらみがうらみによって　鎮まるということは絶対にありえない
うらみは　うらみを　捨てることによって鎮まる
これは永遠の真理である

お釈迦様は「うらみを捨てることでうらみは鎮まる」と言っているね。法然の父親の遺言も「もしも怨みに報いるならば、その仇は永遠に尽きることがない」と言っている。まったく同じことを言っているんだなあ。

客 なんだか、今の時代は、この言葉とは逆の方向に進んでいるように感じるね。犯罪をおかした人を、許すのではなく厳罰を求める声が、ますます強まっている気がしている。君はどう思っているの?

主 最近の世相をみると、時代が悪い方向に向かってい

父漆時国が明石定明の夜討ち逢い、幼い法然は矢を放つ
法然上人行状絵図　巻第一　第四段　京都　知恩院蔵

る気がしてならないね。日本人は一昔前までは、罪を犯した人を「気の毒に」とか「あんないい人が」とか、「魔がさした」あるいは「運が悪かった」という言葉で、まず同情していたように感じてならない。

客　そうそう、一時代前は「罪を憎んで人を憎まず」とか、「泥棒にも三分の理」などの言葉を耳にすることも多かった。

主　仏教には「怨親平等」という言葉があるんだ。怨みを抱いた敵であれ、親しい味方や身内であれ、共に「平等の慈悲」の心で接すること。たとえばあの「蒙古襲来」のとき、亡くなった敵の蒙古軍も平等に弔ったと伝えている。敵も味方も区別なく「平等の慈悲」の心をもって接する、という仏教の根本精神をあらわした、大切な言葉だと思うんだ。

客　あの吉本隆明氏もどこかで書いていたよ。ちょっと探してみよう。そうそうこの本だ。「君たちの仲良くしていて立派な市民だとおもっている隣人や隣人の子が、家庭内暴力を苦にして子どもを殺害したり、逆に親が子どもから殺されてしまったとする。そうなったとき、きみたちはその隣人を手の平をかえすように殺人者呼ばわりし、その家族にたいし隣に住んでもらいたくない、出てゆけとデモでもするのだろうか。わたしならそんな馬鹿な振舞いはできない。あの隣人もその子どももいい人だったが、そこまで追いつめられてしまった、気の毒だというとおもう」。（『思想の原像』徳間書店）この吉本氏の指摘は、これまで日本人の誰もが共有してきた、当たり前の「普遍的感情」ではないだろうか。

主　吉本氏は「オウム事件」をきっかけに、たいへんなバッシングを受けたよね。あのバッシングについては言いたいこともあるけれど、別の機会にゆずろう。けれど何か、オウム事件のあの頃から、日本人の犯罪者に対する対応が、地殻変動を起こしていった気がしてならない。最近、逮捕された高橋被告など、まだしばらくオウムの裁判が続くのだろうけれど、僕にはオウムの「松本サリン事件」で、いちばんの被害者となった河野義行さんの言葉が思い出されるね。

客　河野さんといえば、あの加害者に間違えられた人だよね。奥様はサリンを吸引して倒れ、ほとんど意識不明のまま、亡くなったと聞いているけれど。

「人を怨むことは、自分の人生をつまらなくする」

主　それがもう四年前くらい前になる。サリン散布の犯人にでっち上げられて、県警から逮捕される憂き目にあった。「地下鉄サリン事件」でオウムの犯行だとわかり、釈放されたあと河野さんは、県警に一言も恨み言を言っていない。それ以上に驚くことは、事件後オウムの元信者と交流をもっていたことだ。

　それで奥様が亡くなったとき、テレビの取材を受けた河野さんが、なぜ県警やオウムを批判しないのか、その理由を訊ねられたとき、「人を怨むことは、自分の人生をつまらなくする」と言ったんだ。この言葉には驚ろかされた。それとともにこの一言に何か、深い感銘をおぼえた記憶がある。

客　直接に被害を受けた人や家族などが、犯人を怨むとか憎むっていう感情は、当然のことだろうけれど、怨みや憎しみの感情を抱くと、その当人を逆に苦しめることになるってことだね。なるほど、何か思い当たるふしがないこともない。

主　そうそう、しばらく前に亡くなった、『免疫の意味論』（青土社）を書いた、世界的な免疫学者・多田富雄氏が、『寛容のメッセージ』（青土社）という本を出している。彼は伝統芸能の「能」に傾倒して「新作能」を書いたりもしているんだ。その文中で彼は、「能」世界では、怨みや憎しみの報復は描かれていない、と言っていた。そして東洋には「恩讐を超えて赦す」っていう、「寛容《トレランス》の境地」があったと指摘しているんだ。

客　「寛容」ってことは、怨みや憎しみを超えて、相手を赦すってことになるけれど、今の時代はなんだか、犯人や加害者を絶対に許さないという、「厳罰主義」がますますエスカレートしている印象を抱くよね。

主　先の本の中には、多田氏と交流のあった石牟礼道子さんのインタビューも掲載されているんだ。その中で石牟礼さんは、水俣病の患者さんの言葉を紹介している。その患者さんはいまも不自由な体を抱え、身体に痛みがある症状の中で、石牟礼さんに「道子さん、チッソを許すことにしました」と言ったというんだ。「憎む」ということは自分が苦しむということになる。その人たち（加害者）を憎めば、「きつかばい、自分が」と。自分が苦しくなる。「許すことにしたら、楽になった」と、その患者さんは石牟礼さんに言ったというんだね。

客　なるほど。相手を憎んだり恨んだり、許さないっていう感情は、逆に自分を苦しめる要因となって作用する。不可思議な心の回路だけれど、人間の心の自然な移り行きなのかもしれない。

主　ここで立ち止まって考えてみたいのは、なぜ、被害者が加害者を赦す気持ちになっていくのだろうかってことだ。子どもを殺されたなど、あまりにも理不尽な犯罪に巻き込まれた被害者は、絶対に犯人を許す気持ちになれないことは当然だと思う。しかし最後には相手を許す（赦す）ことがなければ、自分も救われないという問題を抱える。先の水俣病の患者さんの述懐が、そのことを教えてくれていると思うんだ。

「赦す力」

客　少し政治がらみの話になるけれど、いま「慰安婦問題」などで日韓関係は最悪の状況に陥っているだろう?

主　そうそう、最近の世論調査によると、両国の国民感情は、反韓反日で対話の糸口の見つからない状態だ。また最近、きゅうにクローズアップされてきた「ヘイトスピーチ」の問題などを見ても、インターネット時代になったことも背景にあるけれど、なんだか両国の関係は、ますます悪化の一途をたどっているように見えるね。

客　十年ほど前になるけれど、日韓の問題をテーマにした朴裕河《パクユハ》氏の『和解のために』（平凡社）という本が出版されたことは、君も知っているよね。

主　思い出したよ。あの本は一部で話題となって、「大佛次郎賞」の「論壇賞」を受賞したはずだ。僕も読んでみたけれど、両国の歴史を綿密に調べ上げて、実証的に日韓のあいだに横たわる「不信と怒り」の連鎖を読み解いて、「和解のすじみち」を提起した、画期的な本だったと記憶している。韓国の学者がよくここまで書いたと、その勇気に驚いた記憶がある。

客　朴氏はソウル生まれで、日本に留学して慶応大学や早稲田大学に学び、博士号を取得したあと、いま韓国の大学で日本文学を教えている人らしい。この朴氏は学究の徒らしく客観的に史料を駆使して、両国間の歴史的経緯を調べ上げているけれど、日韓の和解についてのすじみちを、「あとがき」に詳しく記しているんだ。

主　だいぶ前に読んだから、すでに忘却の彼方だね。ちょっとそこの、大事な部分だけでも読み上げてもらえないかなあ。

客　君の本棚から借用しよう。そうそう、ここの「あとがき」で、このように記しているんだ。

まず最初に、この本を書いた動機を、両国の不信をやわらげるためであり、一言でいえば戦争を防ぎたいためと記している。韓国側に立てば、日本の謝罪と正しい行動がなされないための不信であり、日本がどのような国家賠償を行なおうと、天皇がやってきて韓国の国立墓地にひざまずいても、単なるパフォーマンスと見なすだろう。不信が消えないかぎり、どういう謝罪も受けいれないだろう、と記したあとで次のように言っているんだ。

「ならば和解成立の鍵は、結局のところ被害者側にあるのではないか。ある意味では、加害者が赦しを請うたかどうかは、もはや問題でないとさえいえる。そして不十分ではありながらも、大枠においては、日本は韓国が謝罪を受け入れるに値する努力をしたのだと、わたしは考えている」。そして続けて「フランスの哲学者デリダのいう「赦す力」について、わたしはこの問考えていた。謝罪を見届けてから赦すのではなく、赦しが先に立つのではないか。そうしてはじめてわたしたちは、過去の「真実」について、より自由に語ることができるのではないか」。

ここで朴氏は、相手の謝罪を見届ける前に、「赦しが先に立つ」と言っているんだね。それで、続けて次のように書いている。

「にもかかわらず韓国は、いまも国際社会に向けて日本を糾弾し続けている。そのような韓国の対応に、わたしはいつしか「強者としての被害者」をみるようになっていた。(中略) 韓日合同の会議などでしばしば出くわす、日本を叱責する韓国の態度は、わたしをやるせない気持ちにさせた」。このあとの続きも読んでみるよ。

「韓国のナショナリズムを問題にするとき、韓国は被害者であるのだから日本と同列において批判するのは不当だ、という意見をよく耳にする。しかし被害者のナショナリズムと加害者のナショナリズムとの違いは、紙一重ぐらいの差でしかない。なによりもそのような良心的言葉は、ともすればこうむった被害をかざし続ける間に、被害者自身に目をつぶらせる。ナショナリズムの無前提の許容は、その中にひそむ数々の矛盾―欲望と権力化と言葉による暴力に目を塞がせ、免罪するのである」。

主　なるほどね。けれど、ここまで被害者側が抱える問題を、私情をまじえずに抜き出した勇気には、心を打たれるね。

客　あと少しだから、最後まで読んでみるよ。

「さらに、それは結局のところ、被害者をそのままの状態に押しとどめてしまうことになりはしないか? 被植民地意識を払拭するためには、支配を受けた事実に派生する被害者としてのナショナリズムを、韓国みずからが俎上にのせる必要があるのではないか? いわば被害者としてのナショナリズムの呪縛から解き放たれるためにこそ自己批判は必要なのではないか?『赦し』は、被害者自身のためにこそ必要なのだ。怨恨と憤怒から、自由になって傷を受ける前の平和な状態にもどるために」。

主　何か、言葉にならない感銘を受けたね。この朴さんの言葉は、被害者自身から発せられているからこそ、心に響いてくるのだと思う。「赦しが先に立つ」や、「赦し」は被害者自身のためにこそ必要という指摘は、そのまま法然の父親の遺言と重なってくるように思われてならない。

客　君の指摘のとおり、法然の父親も被害者としての「遺言」だ。また松本サリン事件の河野さんも、同質の言葉だと言っていい。また先の、「チッソを許す」と言った水俣病の患者さんの言葉も、「赦し」が被害者のためであることを実地で証言しているよね。

「裁判員制度」異論

客　「いやな時代になってきた」という僕の印象は、やはり厳罰主義が強まってきた風潮が影響しているように思うんだ。ところで君は数年前に始まった「裁判員制度」について、どう考えているの？

主　よく聞いてくれたね。僕には一言も、ふた言も言いたいことがある。まずなぜこんなとんでもない制度が、いかなる理由をもって始まったのかっていうことだ。表向きは秘密主義の裁判に「市民感覚」を生かすなど、オブラートにくるんだ耳当たりのいい言葉でスタートしているけれど、まずはふつうの一般市民を、死刑判決まで含む裁判に巻き込むなど、あってはならない制度だと思っている。

客　けれど、これまで裁判員になった市民のアンケートでは、九割に近い人が、裁判員になってよかった、っていう回答だと新聞に出ていたね。

主　さまざまな問題がからんでいるけれど、まず「そもそも」論から始めよう。この「裁判員制度」は、僕の印象では、一握りの司法専門の推進派が、突然に提案してきた制度だったと思う。このような市民を巻き込む制度は、国民的議論が巻き起こり、最後は国民投票をして決するくらいの、重大な制度決定だと言っていい。なにしろ突然に降って湧いたように提案されたっていう印象しかない。そうそう、「裁判員制度」が新聞などに報道され始めたとき、あの田原総一朗氏司会のテレ朝の深夜番組「朝生テレビ」で取り上げたことがあったんだ。

客　僕は見逃したなあ。たぶん、いつもどおりに深酒をして、すでに熟睡していたんだと思う。晩酌の好きな君がその時間、よくも酔わずに目を覚ましていたね。

主　冗談は抜きにして、このときのゲストはさまざまな論客が顔を揃えていた。政治家も自民党、民主党、そうそう社民党の福島瑞穂氏も加わっていた記憶がある。このなかで政治家や学者・評論家などは、「裁判員制度」は市民を巻き込む悪法との評価で、ほぼ一致していた。賛成したのは制度設計をした司法学者など、ほんの一部だった。それで最後には、司会の田原総一朗氏が、こんな悪法をつくってはだめだ、みんなで反対しよう、と声をかけて、ゲストのほとんど全てが賛同して、番組が終わったと記憶している。

それがその後、国民的議論がなされないままに、いつのまにか法案が国会に提出されて、この悪法「裁判員制度」がスタートしたということなんだ。人を裁く裁判などにかかわりたくないってのが、先のとおりの国民の素朴で原初的感情なんだ。人を裁く場に国民を引き込む制度を作るのならば、「憲法改正」以上の重要な国の方向転換だと言っていい。それを国民的議論を棚上げにしたまま、いつのまにか可決してしまっている。こんな悪法を僕はちょっと認めるわけにはいかないね。

客 いつも冷静な君にしては、なんだか興奮状態にみえるよ。まだまだ血の気が多いんだね。学生時代のしっぽをいまだに引きずっているの？

主 いや、なんだか最近は「裁判員制度」を持ち上げる声だけが大きくて、批判する声がかぼそいことも気になっている。少しは声を大にしないと、バランスがとれないからね。

客 ところで君は、そのころは寺の住職をやっていたんだろう？　今は無罪放免になったので、外野席で勝手なことを主張しているってことにもなりかねない。「裁判員制度」の始まった頃は、まだれっきとした寺の住職だったんだから、宗教界から、それなりの意見や批判があってしかるべきではなかったの？

宗教団体の「裁判員制度」への対応

主 僕の所属した宗派は、親鸞を開祖とする「真宗大谷派」だった。同和問題や靖国問題に取り組み、社会的発言をすることも多い教団だから、「裁判員制度」についても見解を述べるだろうと思っていた。それが教団としては一言も発言をしていない。あきれたというか、がっかりしたことを思い出すね。

客 君一人でも、教団にはたらきかけて問題にすることができたのではないの？

主 そんなに買いかぶらないでくれよ。組織の中での発言力もないし、多勢に無勢、のれんに腕押しだ。僕一人では何ともしがたい状況だったんだ。

客　なんだか、責任逃れの言葉に聞こえてしまうね。けれど君のような一匹狼的存在は、まあ組織の中では異端というか、異分子だと言えるのかもしれない。

主　そのころに「裁判員制度」を注視していたけれど、宗教界で発言したのは唯一、カソリック中央協議会だけだった。カソリックの本部では、神父が裁判員に指名されたときは、拒否する。しかし法律の定めにしたがい「過料」を収める、という方針を決めたんだ。何だかなまぬるい対応だと思うけれど、これが唯一、当時の宗教界の反応だったんだ。（すべての教団について、綿密に調査していないため、当時の記憶をもとに記しています）

客　そんないいかげんな対応だったの？　宗教界であれば「罪悪」の問題は、教義の中心テーマだろう？　仏教もキリスト教も、「罪人を赦す」ってことが教義の根本をしめるはずだ。君の所属する教団だって、たとえば親鸞は「悪人正機説」を主張している。この「裁判員制度」の問題をどう考えているのか。まっすぐにつながってくるはずだと思うけれど。

主　そうなんだ。まだ、いろいろ言いたいことがあるけれど、君との対話もこれからしばらく続くことになる。この問題は機会を見て、また掘り下げて考えてみたいけれど、ひとつ今日、言っておきたいことがある。すでに「裁判員制度」は破綻をきたしている、という客観的事実だ。

客　それはいったい、どういうこと？

ほぼ四分の三の人は、断っている

主　もう、五年ほど実施されてきた制度になる。大勢の一般市民が裁判員となり、数多くの判決が出されている。殺人事件などにも適用されて、市民が裁判員として死刑の判決を出したケースも多くなっている。

客　アットランダムに、裁判員は指名されるんだろう？　誰もが裁判員となる可能性がある。僕なんか、まだ指名の通知は来ていないけれど、もしもそんな通知が来たら、どうすればよいのか、戦々恐々だよ。

主　じつは僕は、早くに「裁判員」の要請が来ているんだ。制度が始まって一年後くらいの時期だった。実際はまず「裁判員候補者名簿に登録」されることになる。それから次のステップとして、裁判員として任命されていくんだ。

客　なんだ、君は早くにこの制度にかかわったんだ。それでその裁判はどんな内容だったの？

主　いや僕は、要請があれば絶対に拒否しようと考えていた。それで早速に「宗教上の理由」、いわゆる親鸞を開祖とあおぐ一人として、国の法律にもとづいて人間を裁くことはありえない、人間は縁がもよおせばどのような行為もなしうる存在、いわゆる「業縁存在」である、という理由を記して、断る旨の返事を出した。もしも、もういちど強制的な要請があったら「裁判」に訴えようと真剣に考えていたね。しかしそのあと、何も音沙汰がなかった。まあ正直、ほっとしたよ。

客　君の対応はそれでいいとして、一般の人たちは、要請があればみんな「裁判員裁判」に参加しているのかい？

主　最近の発表では、全体で言うとほぼ四分の三の人は、断っているとのことだ。僕の場合は「宗教・信仰上の理由」だったけれど、一般社会人の場合は、辞退できる理由としては、よほどの切迫した事情でなければ断れないことになっている。手元にあるから、僕に要請のあった最高裁判所からの文書を紹介してみるよ。以下は、裁判員になることのできない人、辞退できる人についてだ。

①七十歳以上の方
②裁判員又は補充裁判員に選ばれたことがある方
③選任予定裁判員に選ばれたことがある方
④検査審査員又は補充員に選ばれたことがある方
⑤学生の方
⑥重い病気又はケガにより出頭困難である方
⑦裁判員になることができない職業に就いている方

これは、国会議員や国の行政機関の幹部職員の一部、ならびに司法関係者や法律専門家、地方自治体の長と自衛官となっている。

次は特定の月（上限二カ月）にだけ、辞退できる人のケースだ。

⑧仕事上の事情（重要な仕事があり、自分が仕事を休むことによる損害の発生）がある方

⑨重要な用事・予定がある方

これは冠婚葬祭や試験・行事などで日時を振り替えられない事情がある方となっている。

⑩出産の予定がある方

⑪重い病気又はケガにより出頭困難な方と介護など付き添いが必要な方

⑫育児を行う必要がある方

以上に該当する人は、なることができない、もしくは辞退できるとなっている。それ以外の人は、要請があれば断ることができない仕組みとなっているんだ。この文章は巧妙に出来ているよ。断ることのできる条件を列記して、当てはまらない場合は、断ることができないということを、暗に示唆していることになる。もう数年前になるけれど、文面に何となく、断ることを許さないっていう、強制力を感じたね。

客　先のとおり、四分の三の人が辞退しているということだけど、裁判員になっている人に、なんだか女性が大勢加わっているという印象をおぼえるね。

主　そうなんだ。男性の場合は仕事を理由に、断ることができる。僕の場合は「宗教上の理由」となったけれど、会社員でも自営業でも大なり小なり、断る事情として「仕事上の理由」を挙げることができるんだ。じっさいに、僕が辞退届けを出したあと、何の返事も音沙汰もなかった。

客　そういうことなのか。それで中年の女性が多いことに納得がいったよ。特に子育ての終わった専業主婦やパートの女性は、断る理由が見つからない。また世間ずれしていない女性は、君の言うところの半強制的な要請にしたがって、やむなく「裁判員」になってしまうんだ。

主　たぶんサラリーマンなどの、ふつうに仕事をもった男性のほとんどが、辞退していると見ているね。職場でまちがいなく「裁判員制度」が話題にのぼると思う。そのときに、辞退した人がそのいきさつをしゃべったりするはずだ。それが口コミで広まって、仕事上の理由で断れば、何の音沙汰もないのだから、みんな安心して辞退するっていう状況が広がっていると思っている。とてもいいことだけれど。

客　しかし裁判員となった四分の一の中には、男性も少なからずいるようだね。なにか正義感にかられて加わっているのか、国の命令には従わざるをえないと思っているのか、一体どういうことなんだろう?

主　これは、本人に確かめなければ、じっさいのところはわからない。不用意に発言しても、まったく的をはずすこともあるから、差し控えるけれど、ちょっと付け加えると僕の分析では、裁判への純粋な好奇心というか、犯罪行為そのものに興味を抱いている人もいるような印象を抱くね。たとえば「オウム裁判」などでも、傍聴人を希望する人たちが長蛇の列をつくるだろう? 人間は好奇心旺盛な動物だ。興味本位などで裁判員になる人がいても、おかしくないと思う。

客　けれども、要請を受けた人の、ほぼ四分の三の人が辞退するってことは、もうこの制度は破綻している、といっていいんじゃないの?

主　僕もそう思う。最近のニュースで、裁判員になった女性が「証拠」として、殺人の犯行現場の凄惨な写真を見せられて、精神的に不安定となり、国を訴えた裁判があったよね。なぜ、なにも関係のないふつうの市民が、無理やり殺人の現場写真を見せられて、その上に量刑を判断しなければならないんだ。こんな理不尽な制度は、地球上のどこを探してもないはずだよ。

「先世の宿業」

客　僕も君の言うとおりだと思う。「裁判員制度」は、さまざまな問題をはらんでいるけれど、この問題にかかわっていると本題の「法然伝記」がおろそかになってしまう。そろそろ、伝記にもどろうよ。

主　そうそう、なんだか「裁判員制度」で熱くなってしまった。この悪法「裁判員制度」はまた取り上げる機会があるだろうから、本題にもどそう。そうだった、法然の「父親の遺言」のところだったね。この遺言には心を動かされたけれど、この父親の言葉で、まず取り上げねばならない重要なキーワードが、敵の明石定明の夜襲を、父親が「先世の宿業」と言っているところだ。もういちど取り上げてみるよ。

あなたは、この敗戦を恥辱と受けとめて、敵（明石定明）を怨んではならぬ。この出来事は〈先世の宿業〉によって起きたことなのだ。もしも怨みに報いるならば、その仇は永遠に尽きることがない。あなたは、ただちに出家の身となって、父親の菩提を弔うと共に、あなた自身の悟りを求めてほしい。

君はこの遺言をどう受けとめる？　この父親の遺言は、伝記のなかで法然の転機となる重要な箇所で顔を出すんだ。たとえば十三歳で比叡山に上るとき、母親が別れを悲しむ中で法然（勢至丸）は、この父の「遺言」に促されて決然と出家をする。また十八歳で比叡山・皇円のもとから遁世して、黒谷の別所・叡空のもとをたずねたとき、遁世の動機をやはり「父の遺言、忘れがたし」と語り、師の叡空から称賛されて「法然房源空」の法名をもらっているんだ。

客　父親は敵から襲撃を受けたことを「先世の宿業」だと語っている。「宿業」って言葉は、いつ聞いても何か、暗いイメージを喚起する言葉だね。また最近はあまり、耳にする機会がなくなっている。

主　一時代前には「宿業」はあきらめを強要する用語として使われていた。君も知っていると思うけれど、中村久子さんという人がいたよね。娘時代に突発性脱疽という病により､幼くして手足を失い「ダルマ娘」と呼ばれ、見世物小屋に出されて、手足のない体で針仕事や編み物をしたり、口で筆をくわえて字を書いたりなどの芸を見せた人だ。三重苦で知られるヘレン・ケラーが来日したとき、「自分よりも不幸な人、自分よりも奇跡の人」と讃えたことでも知られている。

この人の本（『こころの手足』春秋社）を読むと、戦前には説教師が「業病は先世の宿業」と当たり前に説法していた。そのことを「差別を肯定する言説」だと強く批判していたことを思い出したね。「宿業」の言葉は、むかし耳にした「親の因果が子に報い」流の、人々に諦めを強要する言説として使われていたふしがあるんだ。

けれども興味深いのは､中村久子さんは自分の障害（手足のない身体）を、まったくおなじ「宿業」という言葉によって、受け容れているんだね。

客　同じ「宿業」という言葉であっても、文脈によっては百八十度、位相の異なる用語になってしまうってことだ。

主　誤用されることがあるためか、最近では仏教界でも「宿業」という言葉は、禁句になっているように感じてならない。しかし仏教において「宿業」の言葉を使用しないことになると、肝心かなめの仏教の、「救済」の扉を開く、重要な「キーワード」を失ってしまうことになる。

「宿業」と「運（命）」の違い

客　「宿業」って言葉は、日常よく使われる「運命」と似ているって感じるけれど。どう違うのか、君の考えを聞いてみたいね。

主　そうそう、一見似ているし共通点もある。けれども根本的に異なる用語なんだ。じゃあまず「運」について考えてみるよ。じつは数年前のことだけれど、ある新聞に興味深いアンケートが紹介されていた。読者に向けて「人生は運か、努力か」を訊ねたというんだ。その結果が「努力派が四九パーセント、運派が五一パーセント」と、僅差であったけれど、運派が多かった。運派がわずかに多かった結果にふれて、評論家の芹沢俊介氏が、興味深いコメントしていた。おおむね次のような文意だった。「運派がわずかでも多かったことはよかった。もしも努力派が多かったならば、人生の途上で事業に失敗した人、受験に失敗した若者に、「努力が足りなかった」では、突き放した「冷たい言葉」になってしまう。いっぽう「運が悪かった」のほうは、やさしく慰める言葉になる」ってね。運と努力の違いを的確に抜き出していると思ったね。

客　なるほどね。「運を天に任せる」などの言葉があるけれど、「運派」にはどうしても、努力を放棄したっていうニュアンスが混ざるよね。また「運」は結果によって、「幸運」と「不運」に分かれることになる。そう、「悪運」なんて言葉もあるしね。

主　人生ってものは努力では、いかんともしがたい一面があるよね。だから一発勝負のスポーツなんかは「ゲンを担ぐ」選手が多いし、車に交通安全の「お守り」がぶら下がっていたり、どう考えても詐欺まがいの霊感商法であるのに、信じてしまう人がいたりする。テレビでも毎日「星占い」が流されているくらいだから、やはりそれなりの需要があるってことだ。

客 御巣鷹山の日航ジャンボ機の事故のとき、一便遅らせたために助かった人もいれば、仕事が早く終わったため、一便早めて巻き込まれた人もいる。生と死は紙一重だということを教えられるよね。

主 だから、人間はどうしても自分に「運」を引き寄せようとする。その結果として迷信や俗信がはびこってしまう。努力ではいかんともしがたい人生ってことを、誰もどこかで感じ取っているからだろうね。しかし人生が「運」で左右されて、「幸運な人」「不運な人」に分かれてしまっては、人間、救われる道はどこにも見つからないと言っていい。

客 「幸運」と「不運」だけで人生をとらえてしまえば、芸術や文学も生まれようがない。何か人生の、大切なものを見失ってしまう気がするね。「運のいい人」「運の悪い人」で決まってしまえば、人生、ギャンブルそのものになってしまう。

主 仏教ではだから「運」の中に「善悪」をさしはさまない。それで「宿業」の言葉が使用されてきたんだ。「宿業」の用語には「暗い」とか「重い」というイメージがまとわりつくけれど、「善い宿業」や「悪い宿業」はないんだ。どのような行為であれ、それが現実に成されてしまえば、「宿業」の結果と見なされる。またときには「宿縁」とか「業縁」などと表現されたりする。

「宿業」にまとわりついてきた負の歴史

客 そういうことだったのか。若いころに読んだ親鸞の語録『歎異抄』の、「十三章」を思い出したよ。いちばん難解だった章だから、逆に記憶に残っているけれど、「さるべき業縁のもよおさば、いかなる振舞いをもすべし」という、有名な言葉があったよね。

主 よく思い出してくれた、そうだったね。この『歎異抄』十三章こそが「宿業」をテーマにしているんだ。十三章中の親鸞の、次の言葉がそのことをよく示しているよ。

卯毛羊毛のさきにいるちりばかりもつくるつみの、宿業にあらずということなしとしるべし。

兎の毛や羊の毛の先についたチリほどの、ほんのわずかな罪をつくっても、それはすべて「宿業」のなせるわざであることを知りなさい、と言っているんだね。

客 だけど、以前に『歎異抄』を読んだときも感じたことだけれど、「宿業」って言葉は、何だか「人生を諦めろ」って、強要されているような印象を覚えてしまうよね。

主 その君の印象こそが、これまで「宿業」にまとわりついてきた夾雑物なんだ。先に言ったとおり、被差別部落や障害者差別を肯定する用語として使用されてきた、長い負の歴史があったんだ。だから今の僧侶たちは、あたかも腫れ物をさわるように「宿業」の言葉を口にしない。しかし「宿業」は法然・親鸞の思想を読み解く、根本のキーワードだと言っていい。「宿業」は諦めを強要しているのではなく、すべての人間の救済を保証する、「究極の宗教言語」だと思っている。

客 まったく理解できないね。もう少し、ずぶの素人にもわかるように説明して欲しいよ。

主 「宿業」は、この「四十八巻伝」を解読していくための、重要なキーワードでもあると思っている。別の言い方をすれば、この「伝記」全体を貫く通奏低音が「宿業」ってことになる。だから何度もふれることになるはずだから、焦らずにじっくり取り組んでいこうよ。

客 そのとおりだね、「四十八巻」まであるんだ。さまざまな角度から「宿業」を考えていくことになるんだろうから、持ち前の性格のとおり、のんびりと構えていくよ。

変更不可能な事実を、善悪を超えて受け容れる

主 そうそう、一つだけ僕の気がついた、「宿業」を考えるためのヒントがあるんだ。話は飛躍するけれど、京都大学に今西錦司という、有名な学者がいたよね。京都大学の「霊長類社会学」の創始者で、京都大学が類人猿研究

で先頭を走っているのは、今西氏の功績が大きい。進化論に対して「棲み分け」理論を提唱したことでも知られている。この今西氏の主張、人類が二足歩行をした理由の説明が、なんとも興味深いんだ。世界中の学者がいろんな説を出しているけれど、君はどう思う?

客 興味のある問題だけれど、考えたこともないね。

主 今西氏は次のように主張した。「立つべくして立った」。どう、なんともユニークな学説だろう?

客 なんだって。これではなんの説明にもなっていないんじゃないの?

主 僕は十分になっていると思うんだ。これを「宿業」にからめて読み替えてみると、「なるべくしてなった」となる。「なるべくしてなった」一点一画も変更不可能な事実を、善悪を超えて受け容れる、その究極の知恵こそが「宿業の自覚」と言ってよいと思うんだ。

客 ますます混乱してきたよ。すでに僕の頭の容量を超えてしまったようだ。けれども今の言葉を転用すれば、「わからずして、わかった」って気も、少し湧いてきたね。どちらにしても、これからの重要なテーマになるそうだから、今日はこのあたりにして、次までにしっかりと充電しておくよ。

主 一年に四回の約束だから、次は三カ月あとになるね。僕もそれまで、君の鋭い質問に耐えられるように、晩酌の合間に、少しずつ準備をしておくことにしよう。君と同じく、僕も人生の「優先順位」は、まず晩酌になっているからね。

客 お互い、当日はアルコールをぬいて議論をして、終わってから楽しく一献かたむけたいものだね。

The Forty-Eight-Volume Biography of Hōnen

A modern translation by Sasaki Tadashi

The First Volume

Preface

Śākyamuni was born into this world in order to save all human beings. During his eighty years of life, out of great compassion, he saved suffering people equally, and the "Buddha Dharma" (his teaching) began to be spread all over India, China, and Japan, which has been transmitted constantly to this day for more than two thousand years after his final nirvana.

There are various doctrines and practices in Buddhism. Among them, the "Path of the Sages" is based on self-power, seeking "enlightenment" in this world of defilement, though in this current degenerate Dharma-age (*mappō*), the "Pure Land Path" is the only possible way for ordinary people with blind passions to be liberated from the cycle of birth-and-death. Concerning this Pure Land way, there have been various interpretations by exegetes, but the great teacher Shandao of the Tang dynasty finally revealed the heart of the Original Vow of Amida Buddha, and Hōnen Shōnin, regarded as a reincarnation of Mahāsthāmaprāpta (*Seishi bosatsu*) in our country, disseminated the teaching of reciting "*Namu-amida-butsu.*"

Although their countries and periods were different, the root of the

teaching was the same, and many people, regardless of gender or social status, followed their path and attained birth in the Pure Land. It is said that *the nenbutsu* spread and flourished most of all in the days of Shandao and Hōnen.

After Hōnen Shōnin's passing, however, if his valuable sermons and deeds had not been remembered and transmitted in writing, his great personality and fundamental points of his teaching might have been obscured, and would eventually be lost.

Therefore, I would like to collect all the materials available now, including his various biographies, sermons, words and letters in order to sift out the truth, which will elucidate a total picture of his life.

In order for those who are illiterate in understanding and awakening to faith, I have decided to create a picture scroll that can be popularly used in whatever age and period. I believe that those who aspire to be born in the Pure Land will appreciate the authorial intention of myself (*Shunjō*) in producing this pictorial biography.

Main Text

Hōnen Shōnin was born in Inaoka village in the southern part of Kume county in the province of Mimasaka (present-day Okayama prefecture). His father, Uruma Tokikuni, was a samurai leader in charge of the security forces of that area, and his mother was from the Hata family.

Since his parents had long been without a child, they prayed to the *kami* and various buddhas and one day, his mother had a dream of swallowing a razor, which was a revelation of her conception. Her husband said to her, "The baby in your womb is certainly a boy, and he will become a great teacher in this world." Hata was at peace in body and mind during the whole period of her pregnancy, abstaining from wine, meat and other impure substances, and deepened her reverence

to the Three Treasures (i.e. the Buddha, Dharma, and Sangha).

At noon on the seventh day of the fourth month in the second year of Chōjō (1133), she gave birth painlessly to a boy. At that time, a purple cloud appeared in the sky and two white banners streamed on a huge double-trunk *muku* tree in the garden of their home, while there was a sound of small tinkling bells, coming from nowhere with the sunlight shone in various kinds of luster. On the seventh day, people were amazed to see the white banners miraculously ascending to heaven and disappearing.

From then on, people called the tree the "two-bannered *muku* tree." After it increased its annual rings and got old, the tree constantly emitted a fragrant aroma and marvelous things continued to happen around it. The local people revered the site, built a temple, naming it Tanj¯oji, the birth temple, and enshrined a wooden statue of Hōnen Shōnin in it, where they would always recite the *nenbutsu*.

The baby boy was named Seishimaru (after Mahāsthāmaprāpta), and from whose childhood, his intelligence was like an adult's. He had the habit of facing the west, and was just like Tendai master Zhiyi in his boyhood.

If we enquire into the family history of his father Tokikuni, we can find that an offspring of Emperor Ninmyō called Minamoto no Toshi committed murder and was banished to Mimasaka province. During his exile, he married a daughter of Uruma Motokuni, and had a son. Since Motokuni did not have a male heir, he adopted the boy and changed his family name from Minamoto to Uruma, with the given name of Moriyuki. His son was Shigetoshi, whose son, in turn, was Kunihiro, who had a son by the name of Tokikuni.

Since Tokikuni was rather proud of his noble ancestry, he tended to look down upon the local samurai headman Akashi Sada-akira, and refused to obey his orders to meet him in person. Hence he bore a grudge against Tokikuni and attacked him one night in the spring of

the seventh year of Hōen (1141) and killed him. Though Seishimaru was nine years old at that time, he shot an arrow, which hit Sada-akira straight on his forehead. It was impossible to conceal the wound, and being afraid of being detected as the culprit of the night assault, Sada-akira ran away, and never returned to Inaoka village.

On his deathbed, Tokikuni called his nine-year-old boy Seishimaru to him and said ,

> Do not let this defeat rankle your heart or harbor any hatred against your enemy (Akashi Sada-akira). This misfortune was the result of my past karma. If you return hatred against hatred, there is no ending to revenge. You should immediately renounce this world, pray for the repose of your father, and begin to walk the Buddhist path to awakening.

Having said this, he straightened himself and faced the west, putting his hands together while reciting the *nenbutsu*, he breathed his last quietly.

(English translation by Inoue Takami)

* Reference:

Joseph A. Fitzgerald, ed. *Honen the Buddhist Saint: Essential Writings and Official Biography* (World Wisdom, 2006), which includes an English translation from the original with footnotes.

編集後記

■冒頭から私事めくが、この『雑誌』の来歴を話したい。夢にも思っていなかった。数年前には、このような雑誌が創刊できるなどとは、夢にも思っていなかった。今年六月に古希、「心の欲する所に従って」ついには矩を超え破り、ご縁のあった方々への突然の寄稿依頼で、大小のご迷惑をおかけしたのではないか、と危ぶんでいる。

■二十六年前、信州の寺の住職となったが、木曾路の入り口の中山道に面した、緑に包まれた山寺であったために、八月に「宗教と哲学に学ぶセミナー」と銘打って、一泊二日の学習会を始めることにした。木村敏氏や見田宗介氏などの尊敬する先生方、今をときめく竹田青嗣、加藤典洋、西研、大澤真幸の各氏、また鷲田清一氏や森山公夫氏・芹沢俊介氏など、第一線で活躍されている方々をお招きして、講演会のあと境内でバーベキューを囲んで酒盛りをする。得難い快楽を二十五年、味わうことができた。

■いっぽうで「親鸞伝」の研究に手を染めて、存覚作『親鸞聖人正明伝』と出合うことにより『親鸞始記』を出版、ほぼ十数年、無視され続けてきたが、梅原猛先生の目に留まって昨年、先生による決定版『親鸞「四つの謎」を解く』(新潮社)が刊行。ついに「親鸞伝」の定説が確定した。その過程で「法然思想」の巨大さに目覚め、法然に傾倒。ついには「創刊のことば」のとおり、今回の雑誌刊行へと帰着したものである。

■思い立って以降、筑摩書房の山野浩一さん、青土社の水木康文さん、編集者の小川哲生さんに相談を持ちかけてアドバイスを受け、やっとここまで漕ぎ着けた。その途中で早くから、デザイナーの高麗隆彦さんに相談、今号の全体の構成からレイアウト・装丁までのすべてを担当していただいた。また半年前には小川さんから、言視舎の杉山尚次さんを紹介頂いて、さまざまな難関をクリア。やっと出版への道すじがついて、「創刊号」発行に至ったというしだいである。

■一読、すでに気づいた方もおられるかもしれない。じつはこの雑誌は故・吉本隆明氏の『試行』を念頭に置いている。対話編などは「状況への発言」をそのまま借用。（主）と（客）の問答形式で、法然思想を読み解くスタイルとなっている。及ぶべくもないが、吉本氏の晩年の思想、「大きな規模の善悪」（加藤典洋氏との対談では「存在倫理」）の核心を、法然・親鸞の思想を解読するプロセスの中から、明らかにしたいというのが、裏側に隠された目論見である。別の言い方をすれば、『試行』のDNAを引き継ごうという、密かな企みでもある。

■また毎号、「法然伝記（四十八巻伝）」を現代語訳すること、法然の伝記・語録を読み解く作業を通して、『雑誌』が完結した暁には、歎異抄に匹敵する『法然語録』と、法然伝記の『現代語訳』が発刊される。そのような果実を得ることを、今のところ考えている。

■当初、頭に描いていた執筆者の企画は、ご高齢や健康上の理由、あるいは多忙などで変更を迫られ、このような分量に落ちついた。ためにこの号は「Vol.0」となった次第である。「次号」は捲土重来？当初の「青写真」に近づけたいと願っている。

■今号は、尊敬する梅原猛先生から「巻頭言」を頂戴できた。森山公夫氏からは興味深い連載原稿をご寄稿頂き、大澤真幸氏からは広大な世界史的展望から仏教の核心に迫る序論が。実証主義を超えた歴史学を模索しておられる本郷和人氏にもご多忙の中、平易な語り口の原稿を頂くことができた。また世界へと発信するために、「語録」と「伝記」の英訳も試みている。これは友人の井上尚実氏にお願いした。読みやすい訳語となっているはずである。

■今の予定では「四十八巻」を毎号、二巻ずつ取り上げる。すると単純計算で六年の歳月を要する。それまでは健康を保持し、大病や認知症は避けねばならない。好きな晩酌も……。そのとき思い出したのが、寺の檀家の長寿者の何人かが九十代半ばまで、晩酌の習慣をもっていたことである。うまい酒をエネルギーに、完結まで石にかじりついても（石を肴にしても？）こぎ着けたい。これが今の偽らざる心境である。今回は「創刊号」発行まで、言視舎の杉山尚次さんに、すべてをお任せした。暗中模索の中、強力なサーチライトを照らしてくれたのが杉山さん。すべてが滞りなく完了したのは、ひとえに杉山さんの細心のご配慮とご尽力のおかげ。素晴らしい装丁とレイアウトは、先述のとおり高麗さん。お二人に深甚の御礼を申し上げて「編集後記」とさせて頂きます（季刊ペースの刊行のため、次号は「冬号」、今年の十一月に発行の予定です）。

（佐々木　正）

執筆者紹介

梅原　猛（うめはら・たけし）

一九二五年　仙台市生まれ、愛知県に育つ。哲学者。京都大学文学部卒業。立命館大学教授、京都市立芸術大学教授・学長を経て国際日本文化研究センターを設立、初代所長となる。九二年文化功労者、九九年に文化勲章受賞。主著に『梅原猛著作集』全二十巻（集英社）、『梅原猛著作集』全二十巻（小学館）、『隠された十字架―法隆寺論』『水底の歌―柿本人麻呂論』『親鸞「四つの謎」を解く』（共に新潮社）など著書多数。

大澤　真幸（おおさわ・まさち）

一九五八年　松本市生まれ。社会学者。東京大学大学院博士課程修了。千葉大学助教授、京都大学教授を歴任。著書に『不可能性の時代』『夢よりも深い覚醒へ―3・11後の哲学』（共に岩波新書）、『ナショナリズムの由来』（毎日出版文化賞）、『〈世界史〉の哲学（古代編、中世編、東洋編、イスラーム編）』以上、講談社。『自由という牢獄―責任・公共性・資本主義』岩波書店（河合隼雄学芸賞）など著書多数。

本郷　和人（ほんごう・かずと）

一九六〇年　東京都生まれ。歴史学者。東京大学大学院博士課程修了。東京大学史料編纂所准教授をへて教授。著書に『人物を読む日本中世史―頼朝から信長へ』『武力による政治の誕生』『歴史と哲学の対話』（西研・竹田青嗣との共著）共に講談社メチエ選書。『武士から王へ―お上の物語』ちくま新書、『戦国武将の明暗』新潮新書ほか多数。

森山　公夫（もりやま・きみお）

一九三四年　長野県生まれ。精神科医師。東京大学医学部卒。東京大学精神神経科講師をへて現在、陽和病院病院長。著書に『和解と精神医学』筑摩書房、『躁と鬱』筑摩選書など多数。

故・吉本隆明氏とも親交が厚い。

井上　尚実（いのうえ・たかみ）

一九五九年　長野市生まれ。京都大学文学部卒業後、大谷大学大学院修士課程修了。カリフォルニア大学サンタバーバラ校大学院修士課程修了、博士号取得。現在、大谷大学文学部准教授。

佐々木　正（ささき・ただし）

一九四五年　大分県生まれ。千葉大学卒業後、地方公務員をへて、一九九一年より長野県塩尻市・萬福寺住職。今年五月に退任、東京で草愚舎主宰。著書に『親鸞始記』（筑摩書房）、『いまを生きるための歎異抄入門』（平凡社新書）、『親鸞再考』（法藏館）、『妙好人の真実』（春秋社）、『法然と親鸞』『法然の思想・親鸞の実践』（共に青土社）ほか。

法然思想 Vol.0

発行日❖2015年8月31日　初版第1刷

編著者

草愚舎・佐々木正

発行

草愚舎

東京都文京区本駒込 2-19-4-503　〒113-0021

電話・FAX 03-3946-3883

発売

株式会社言視舎

東京都千代田区富士見 2-2-2　〒102-0071

電話 03-3234-5997　FAX 03-3234-5957

http://www/s-pn.jp/

DTP 組版………勝澤節子

印刷・製本

モリモト印刷㈱

ISBN 978-4-86565-080-8